SCHRIFTEN DES VEREINS FÜR SOZIALPOLITIK
185/IV

Die Arbeitslosigkeit der Gegenwart

Herausgegeben von

Manuel Saitzew

Vierter Teil:
Die Schweiz

VERLAG VON DUNCKER & HUMBLOT
MÜNCHEN UND LEIPZIG 1934

Die Arbeitslosigkeit der Gegenwart

Herausgegeben von

Manuel Saitzew

Vierter Teil:

Die Arbeitslosigkeit in der Schweiz

Von

Fritz Mangold

VERLAG VON DUNCKER & HUMBLOT
MÜNCHEN UND LEIPZIG 1934

Alle Rechte vorbehalten

Pierersche Hofbuchdruckerei Stephan Geibel & Co., Altenburg, Thür.

Vorwort des Herausgebers

Als letzter (vgl. den ursprünglichen Arbeitsplan im ersten Teil dieses Bandes, Seite 7–9, und das Vorwort zu jenem Teil) erscheint in diesem Bandteil der Beitrag über die Arbeitslosigkeit in der Schweiz. Verfasser und Herausgeber legen Wert auf die Feststellung, daß dieser Beitrag schon im Herbst 1932 abgeschlossen und gesetzt war.

Zürich, im Juni 1934

Manuel Saitzew

Inhaltsverzeichnis

		Seite
I.	Einleitung	3
II.	Bevölkerungsentwicklung und Wirtschaft	10
III.	Die Gesamtarbeitslosigkeit 1920 bis 1931 und ihr Rückgang von 1923 bis 1929	17
IV.	Die Bekämpfung der Arbeitslosigkeit durch die öffentliche Verwaltung	26
V.	Der Gang und die Beschäftigung in den Hauptindustriezweigen von 1923 bis 1929	30
	1. Gesamtüberblick	30
	2. Die Textilindustrie	34
	3. Die Bautätigkeit	41
	4. Die chemische Industrie	42
	5. Die Maschinen- und die Metallindustrie	44
	6. Die Uhrenindustrie	46
	7. Die Bekleidungsindustrie	48
	8. Die übrigen Industriezweige	49
VI.	Ergebnis	50
	Nachtrag	57

FRITZ MANGOLD

Die Arbeitslosigkeit in der Schweiz

I. Einleitung

Prof. Saitzew hat als Herausgeber der Untersuchungen des Vereins für Sozialpolitik über die Arbeitslosigkeit der Gegenwart dem die schweizerische Arbeitslosigkeit behandelnden Mitarbeiter in erster Linie aufgetragen, die Frage zu beantworten, „warum die Schweiz — trotz allem — im letzten Jahrzehnt im Gegensatz zu Deutschland, Großbritannien, Österreich und manch anderem Staate so gut wie gar keine, jedenfalls keine in einer langen Welle ansteigende Arbeitslosigkeit hatte".

Die Schweiz ist von 1923 bis 1931 von Arbeitslosigkeit nicht verschont geblieben. Weder fehlte ihr die von Prof. Saitzew in der Wegleitung[1] als konstant oder „normal" bezeichnete Arbeitslosigkeit, noch die kurzwellige, saisonmäßige, noch die mittelwellige „konjunkturelle", noch endlich in gewissem Sinne, allerdings in geringem Ausmaß und nur in einem Industriezweig, die langwellige Arbeitslosigkeit.

Die konstante Arbeitslosigkeit hängt von all den von Prof. Saitzew (a. a. O., S. 14ff.) angeführten Ursachen ab. Es wäre folgendes beizufügen:

1. Auf einzelne Arbeitslose wirken die Arbeitslosenversicherung, die Krisenhilfe, die Winterhilfe usw. in dem Sinne, daß sie sich infolge der finanziellen Hilfe — und zwar um so mehr, je stärker diese ist — nicht mehr um Arbeit bemühen, d. h. lediglich beim Arbeitsnachweis stempeln lassen, nur auf diesem Wege nach Arbeitsgelegenheit sich umsehen und nicht mehr persönlich sich umschauen.

2. Der Arbeitsnachweis verfügt — solange für die Arbeitgeber nicht, wie es in einzelnen Kantonen während der Krise zu Beginn der 1920er Jahre der Fall war, die Pflicht besteht, alle offenen Stellen zu melden — nur über einen Teil der offenen Stellen. Die sonst verpönte Umschau ist daher immer noch nötig.

3. Es kommt vor, daß zum Bezuge der Winterhilfe eine gewisse Anzahl von Stempeln notwendig ist. Wem noch einige Stempel fehlen, der wird alles tun, um sie noch zu erlangen, d. h. keine Arbeit suchen oder angebotene mit irgendwelchen Ausflüchten ablehnen.

---

[1] Wieder abgedruckt unter dem Titel „Eine lange Welle der Arbeitslosigkeit" im 1. Teil dieses Bandes der Schriften des Vereins für Sozialpolitik, S. 1ff.

4. Es gibt Arbeitslose, die auf die Stellenzuweisungen so reagieren, daß sie sich erst dann vorstellen, wenn anzunehmen ist, die Stelle sei inzwischen besetzt worden, nämlich abends statt vormittags.

5. Es gibt eine kurzdauernde „Witterungsarbeitslosigkeit" für Maurer, Zementer, Erdarbeiter (d. h. für alle im Freien Arbeitenden) auch in anderen Jahreszeiten als nur im Winter; dann nämlich, wenn starker Regen einsetzt. Es entsteht weiter Arbeitslosigkeit infolge Brandes einer Arbeitsstätte.

Damit soll einigermaßen ergänzt sein, was Prof. Saitzew genannt hat. Immer aber ist die unter 1. bis 4. erwähnte Art der Arbeitslosigkeit eine subjektive, die Folge der Auswirkung persönlicher Eigenschaften des Arbeitslosen. Die grundsätzlich notwendige Hilfe kann auf die Dauer bei einzelnen im Sinne der Demoralisierung wirken, und diese Art konstanter Arbeitslosigkeit kann in Zeiten mittelwelliger und langwelliger Arbeitslosigkeit die Gesamtzahl der Arbeitslosen vergrößern. Eine genaue Scheidung der Ursachen läßt sich, wie die Erfahrung zeigt, in der Praxis nur durch Abklärung im Einzelfalle durchführen. Man kann damit rechnen, daß von den rund 1 300 000 Unselbständigen der Schweiz 0,4% konstanter Arbeitslosigkeit verfallen, das sind etwa 5000 bis 6000 Personen.

Die kurzwellige Arbeitslosigkeit erfaßt in der Hauptsache die Bauarbeiter im Winter, und zwar je nach der Temperatur in verschieden starkem Maße, ferner einen Teil des Hotelpersonals und der landwirtschaftlichen Hilfsarbeiter. Diese kurzwellige, saisonmäßige Arbeitslosigkeit ist in der Schweiz so gut zu Hause wie beispielsweise in Deutschland. Sie kann übrigens auch aus lokalen Krisen auf dem Wohnungsmarkte und den damit verbundenen Baukrisen zu anderen Zeiten, als nur im Winter entstehen, braucht somit mit der Weltwirtschaft nicht eng verhängt zu sein. Es ist insgesamt diejenige Arbeitslosigkeit, durch die man infolge ihrer regelmäßigen Wiederkehr am ehesten auf das Problem der Arbeitslosenfrage, der -fürsorge und der -versicherung gestoßen ist. So in Basel, Bern und Zürich. Es war die Arbeitslosenfürsorge für die Bauarbeiter, die in strengen Wintern oft während kürzerer oder längerer Zeit verdienstlos blieben und für die zu sorgen die Öffentlichkeit bemüht war; diese Fürsorge hat zum Teil zunächst zu lokalen öffentlichen Arbeitslosenversicherungskassen geführt. Schneewegräumen und gewisse Notstandsarbeiten können diese Saisonarbeitslosigkeit verringern.

Die „konjunkturelle" oder mittelwellige Arbeitslosigkeit hat in allen Zeiten weltwirtschaftlicher Krisen und Konjunkturniedergänge auch in der Schweiz angeschlagen, allerdings in den einzelnen Erwerbszweigen ungleich stark. Die Krise von 1873 war zu verspüren wie jene von 1882, 1891 usw.; immerhin fehlen Belege dafür, daß früher solche Massen arbeitsloser Menschen nach Arbeit suchten wie in den Jahren von 1920 bis 1923 oder in der Gegenwart.

Arbeitsnachweise sind erst in den 1890er Jahren eingerichtet worden, und nur wenn Notstandsbüros eröffnet wurden, hatten Arbeitslose Gelegenheit, sich zu melden und verzeichnet zu werden. Man kennt infolgedessen in der Schweiz keine Zahlen über den Umfang konjunktureller Arbeitslosigkeit in früheren Zeiten. In Basel hat die Änderung der Mode von Zeit zu Zeit die Seidenbandweberei heimgesucht, und dann sind aus den Mitteln öffentlicher Geldsammlungen Gaben an die arbeitslosen Arbeiter verabfolgt worden. Ähnlich mag es in anderen Zweigen der Textilindustrie gewesen sein. Die Maschinenindustrie hat sich erst in jüngerer Zeit entwickelt, wie überhaupt die Zahl der in der Industrie Beschäftigten erst seit der guten Konjunktur der 1890er Jahre stark gewachsen ist. Man beachte: Es waren tätig in Industrie und Gewerbe (Volkszählungszahlen):

Im Jahre	1860	458 000	
,, ,,	1870	499 000	+ 41 000
,, ,,	1880	579 000	+ 80 000
,, ,,	1888	540 000	− 39 000
,, ,,	1900	694 000	+ 154 000
,, ,,	1910	809 000	+ 115 000
,, ,,	1920	821 000	+ 12 000
,, ,,	1930	867 000	+ 46 000

Eigentliche große, über das Land sich erstreckende Fürsorgemaßnahmen für die von Arbeitslosigkeit betroffenen Arbeiter haben erstmals 1919 bis 1923 eingesetzt mit der Schaffung eines eidgenössischen Amtes für Arbeitslosenfürsorge und der Regelung des ganzen Arbeitslosenfürsorgewesens durch den Bund, unter Mithilfe von Bund, Kantonen, Gemeinden und Arbeitgebern. Dieser Fürsorge — im Handwörterbuch der Staatswissenschaften, 4. Auflage, von Kumpmann irrtümlich als Versicherung aufgefaßt — ist dann erst die Arbeitslosenversicherung in einzelnen Kantonen gefolgt, wiederum angeregt durch ein Rahmengesetz des Bundes, das Bundesgesetz betr. die Subventionierung von Arbeitslosenversicherungskassen vom 17. Oktober 1924. Die ersten Versuche der Versicherung waren in den Kantonen Basel-Stadt und St. Gallen gemacht worden — 1890er Jahre —, nachdem eine Reihe von Gewerkschaften die Arbeitslosenversicherung eingeführt hatte.

Dies alles sei deshalb angeführt, weil dadurch klar wird, daß eine zahlenmäßige Erfassung der Arbeitslosen erst sehr spät eingesetzt hat, und dann sind immer nur jene erfaßt worden, die sich bei einem Hilfsbüro, beim Arbeitsnachweis oder bei einer Arbeitslosenversicherungskasse gemeldet hatten. Aber selbst die Zahlen aus den verflossenen zwölf Jahren sind unvollständig, sind Minimalzahlen, aus folgenden Gründen: Die Feststellung der Gesamtzahl der Arbeitslosen ist in der Zeit von 1919 bis 1931 nicht auf dieselbe Weise erfolgt, und das ist es, was zu Vorsicht bei der Benützung der Zahlen mahnt.

1. Die Zahl der Arbeitsnachweise (Arbeitsämter) hat sich von 1919 bis 1931 verdoppelt:

1919 . . . 18	1921 . . . 26	1923—26 . 34
1920 . . . 22	1922 . . . 33	seit 1927 . . . 35

Je verbreiteter diese Arbeitsvermittlungsstellen, desto größer die Zahl der täglich, monatlich und jährlich an den Schaltern vorsprechenden Stellensuchenden. „Die Zahlen seit 1925 sind mit denjenigen früherer Jahre nicht vollständig vergleichbar."[2]

2. Von 1919 bis 1924 bestand nach einer eidgenössischen Notverordnung die allgemeine Pflicht der Unternehmer, die offenen Stellen bei den Arbeitsnachweisstellen zu melden.

3. Das Vordringen der Arbeitslosenversicherung namentlich seit 1926, insbesondere des Obligatoriums in einer Reihe von Kantonen, bedeutet bessere Erfassung und stärkere Kontrolle der Arbeitslosen (Stempeln!). In gleicher Richtung hat der Ausbau einiger Schreibstuben für Arbeitslose zu einer Schweizerischen Adressen- und Werbezentrale gewirkt. Umgekehrt bewirken die in einer Reihe von Kantonen und Gemeinden durchgeführten Verschiebungen von öffentlichen Arbeiten und Aufträgen auf die Zeit starker Arbeitslosigkeit und die Durchführung von Notstandsarbeiten eine Verringerung der Zahlen der Arbeitslosen.

4. Die arbeitslosen Heimarbeiter werden zum kleinsten Teile erfaßt, da sie meist nicht gegen Arbeitslosigkeit versichert sind (Kontrollschwierigkeiten) und als Inhaber kleiner Landwirtschaftsbetriebe bei den Arbeitsämtern sich nicht melden.

So ergibt sich in der Statistik bald eine zu kleine, bald eine zu große oder eine aus anderen Gründen wachsende oder sinkende Zahl von Arbeitslosen.

Es wird noch lange nicht möglich sein, trotz der zunehmenden Ausdehnung der obligatorischen Arbeitslosenversicherung, trotz einer allfällig neu aufgestellten Pflicht für die Unternehmer, die offenen Stellen zu

---

[2] Statistisches Jahrbuch der Schweiz, 1930, S. 123, Anm.

melden, den Bestand an Arbeitslosen restlos zu erfassen. Zum Teil schon deshalb, weil auf den Arbeitsmarkt sich Leute drängen, die infolge ihres Alters, ihrer Kränklichkeit, ihrer geringen beruflichen Leistungsfähigkeit, gelegentlich auch wegen ihrer politischen Tätigkeit kaum mehr zu vermitteln sind. Dann sind da noch jene, die aus den Betrieben als berufliche Arbeiter und Arbeiterinnen entlassen, von ihren Arbeitslosenkassen während einiger Jahre ausgesteuert worden sind und schließlich, da sie sonst nirgends mehr unterkommen können, wegen Fehlens der regelmäßigen Erwerbstätigkeit aus ihren Kassen ausgeschlossen werden. Wer in der Praxis der Arbeitslosenfürsorge und -versicherung steht, kennt auch die Möglichkeiten der Arbeitslosen, versichert zu bleiben, die Zahl der registrierten Arbeitslosen zu vermehren und doch nie mehr in einem Betriebe Arbeit zu erlangen.

Weiter sind wiederum viele Arbeitslose da, die nicht versichert sind, sei es, weil sie sich dem Obligatorium zu entziehen gewußt haben, sei es, weil sie früher nicht versicherungspflichtig waren, oder weil sie einem Berufe angehörten, worin es vor der Krise keine Arbeitslosigkeit gab — sie waren Heimarbeiter, Gelegenheitsarbeiter, hatten mit ihrer Besoldung früher über den von der Versicherung postulierten Einkommensgrenzen gestanden, hatten sich nicht freiwillig versichert und sahen sich plötzlich auf der Straße. Endlich wären jene zu erwähnen, die, weil noch nicht lange eingewandert, die Karenzfristen nicht hinter sich haben und sich deshalb noch nicht versichern können.

Sodann ist zu beachten, daß die Statistik der Arbeitslosen so lange nicht genügt, als sie nicht zu einer Personalstatistik ausgestaltet wird, die es ermöglicht, am Ende eines Jahres zu bestimmen, wie viele Individuen, d. h. einzelne Personen, während des Jahres arbeitslos gewesen sind, welchen Berufs sie waren, in welchen Betriebsarten sie gearbeitet haben, woher und wie alt sie sind und wie lange ihre Arbeitslosigkeit jeweils gedauert hat. Heute wird ein Stellensuchender, der während des ganzen Jahres arbeitslos ist, zwölfmal gezählt: zwölf Arbeitslose während des Jahres für den einen, und dabei kann seine Arbeitslosigkeit rein subjektiv sein und mit keiner der irgendwie begrifflich als objektiv bestimmten Arbeitslosigkeit zu tun haben.

Zur genauen Kenntnis gehörte ferner eine Ausscheidung der bei besonders vorgesehenen Notstandsarbeiten Beschäftigten; denn ihre Zahl verringert das Angebot an Arbeit nicht in natürlicher Weise, nicht weil die Unternehmer im regelrechten Gang des Erwerbslebens mehr Hände gebraucht haben, sondern infolge sozialpolitischer Maßnahmen der öffentlichen Körperschaften, des Staates, der Länder und der Gemeinden.

So gibt das Negative, nämlich die Zahl der Arbeitslosen, kein absolut genaues Bild der Lage, und doch stellt männiglich in der Beurteilung des Arbeitsmarktes auf die von den kantonalen Arbeitsämtern und vom Bundesamte für Industrie, Gewerbe und Arbeit registrierten Zahlen ab. Sie mögen im ganzen den Verlauf der Bewegung andeuten, erschrecken Behörden, Politiker und Interessenten, wenn sie steigen, und beruhigen dieselben Kreise, wenn sie sinken.

Frage: Kann aus dem Positiven, aus der Zahl der Arbeitenden, etwas zur Erkenntnis des zu behandelnden Problems gewonnen werden? Sollten wir überhaupt den Grad der Beschäftigung nicht auch an der Zahl der Beschäftigten messen? Erlangen wir nicht durch solche Zahlen einen Einblick in die Struktur unserer Wirtschaft, aus deren Wandlungen heraus auf allfällige Arbeitslosigkeit irgendwelcher Art geschlossen werden kann[3]?

Die schweizerische Statistik erfaßt die Struktur ihrer Wirtschaft wenigstens nach der Zahl und Art der Betriebe, der Zahl der beschäftigten Personen und der verwendeten motorischen Kräfte auf dreierlei Weise, und zwar:

1. Alle zehn Jahre in der eidgenössischen Volkszählung. Da werden die Fragen nach dem Beruf (Haupt- und Nebenberuf), nach der Stellung im Beruf und nach der angegebenen Art des Betriebs, worin der Berufstätige arbeitet, seit Jahrzehnten nach dem objektiven, dem sogenannten Unternehmerberuf — seit 1920 auch nach dem persönlichen Beruf — verarbeitet und die berufstätige Bevölkerung aufgeteilt nach den Erwerbszweigen und -arten. Die jenseits der Landesgrenze Wohnenden, aber in schweizerischen Betrieben Arbeitenden entgehen allerdings dieser Zählung.

2. Von Zeit zu Zeit in der eidgenössischen Fabrikstatistik (1882, 1888, 1895, 1901, 1911, 1923 und 1929), d. h. in der Zählung aller „Etablissemente", die dem Bundesgesetz betr. die Arbeit in den Fabriken vom 18. Juni 1919/27. Juni 1919/31. März 1922 — erstes Gesetz vom 23. März 1877 — unterstellt sind. Es sind durchaus nicht lauter „Fabriken", die hier gezählt werden, sondern es befinden sich darunter industrielle Anstalten, die, bei Verwendung von Motoren, sechs oder mehr Arbeiter beschäftigen, oder die, ohne Verwendung von Motoren, sechs und mehr Arbeiter und darunter wenigstens eine jugendliche Person beschäftigen, oder die, ohne Verwendung von Motoren und jugendlichen Personen, elf und mehr Arbeiter beschäftigen usw.

---

[3] Das Eidgenössische Amt für Industrie, Gewerbe und Arbeit hat schon früher damit begonnen, sich periodisch von einer größeren Zahl von Fabrikbetrieben die Zahl der Beschäftigten geben zu lassen. Vgl. auch Statistisches Jahrbuch der Schweiz 1931, S. 184.

Schon diese Bestimmungen lassen erkennen, daß unter den „Fabriken" viele recht kleine stecken[4].

Sodann ändert sich die Zahl der Betriebe auch infolge der „Unterstellungspraxis" der Behörden und der Änderung des „Fabrikgesetzes", so daß die wachsende Zahl von Fabriken und Arbeitern nicht allein auf ein natürliches Wachstum der bestehenden Betriebe zurückzuführen ist. Gleichwohl bieten diese Fabrikstatistiken einen wertvollen Einblick in die Veränderungen im Bestand und Aufbau der schweizerischen Erwerbszweige und -arten. Es sind Statistiken, die in ihrer Art anderen Staaten abgehen, und durften daher hier besonders erwähnt werden, um so mehr, als wir im folgenden auf sie aufbauen.

3. In den Betriebszählungen von 1905 und 1929. Diese haben alle Betriebe, auch die landwirtschaftlichen, erfaßt mit dem gesamten in den Betrieben tätigen, also auch dem nicht in der Schweiz wohnenden, hier aber beschäftigten Personal. Die Zählung von 1929 war für „Fabriken" gleichzeitig die Fabrikstatistik, und das erste Heft der Ergebnisse der Eidgenössischen Betriebszählung vom 22. August 1929 geht unter dem Namen „Schweizerische Fabrikstatistik".

Da die berufsstatistischen Ergebnisse der Volkszählung von 1930 noch nicht erschienen sind — sie würden eine recht wertvolle Bereicherung des Quellenmaterials für die hier anzustellende Untersuchung bilden —, so hat man sich an die Fabrikstatistiken von 1923 und 1929 zu halten. Es entgehen einem infolgedessen die Wandlungen in der Statistik des objektiven Berufs, d. h. die Gliederung der Berufstätigen nach Erwerbszweigen für die Zeit von 1920 und 1930, während wenigstens die Fabrikstatistik über die „Fabrikbetriebe" von 1923 und 1929 Auskunft gibt. Die Ergebnisse der Zählung der Gewerbebetriebe in der Betriebszählung von 1929 lassen sich mit früheren Zahlen nicht vergleichen. Es fehlen somit:

1. Berufsstatistik der Volkszählung von 1930,
2. Angaben über die Fabriken für 1920 bis 1923 und ab 23. August 1929 bis 1931,
3. Angaben über alle Betriebe von 1920 bis 22. August 1929 und seit 23. August 1929 bis heute.

---

[4] Prozentual:

Jahr	Betriebe mit ... Arbeitern				
	—10	11—20	21—50	51—100	101 und mehr
1923	35,7	24,0	21,8	9,6	8,9
1929	30,1	26,0	23,6	10,5	9,8

Gleichwohl soll versucht werden, herauszuholen, was möglich ist. Zunächst soll aber das Wachstum der Bevölkerung mit in Betracht gezogen werden.

II. Bevölkerungsentwicklung und Wirtschaft

Die allgemeinen Beziehungen zwischen Bevölkerungsentwicklung und Wirtschaftsgestaltung hier darzulegen, ist allerdings weder der Ort, noch findet sich dafür der Raum, und es ist um so weniger nötig, als Mombert diese Dinge kürzlich einläßlich behandelt hat[5]. Immerhin mag hier betont werden, daß die Bevölkerungszunahme des Industriestaates von anderer Bedeutung ist als jene eines Agrarstaates. Wohl bedeutet jeder Zuwachs an Menschen eine Verstärkung der Konsumkraft — in geringem Maße bei schlechtgehender, in viel stärkerem bei prosperierender Industrie —, aber für jeden Zuwachs im Industriestaat Schweiz muß auch die erforderliche Brotfrucht, Baumwolle usw. eingeführt werden. Abgesehen vom bloßen Wechsel der in der Landwirtschaft tätigen, zahlenmäßig gleichbleibenden Bevölkerung, muß jede neue Arbeitskraft in einem anderen Erwerbszweig als der Landwirtschaft Arbeit finden. Wohl mögen soundso viele neu auf den Arbeitsmarkt gelangende Kräfte von den das Inland versorgenden Erwerbszweigen ernährt werden, aber eben lange nicht alle, und schließlich werden viele Arbeitskräfte, falls sie nicht auswandern, arbeitslos bleiben, wenn die Exportindustrie sie nicht aufzunehmen imstande ist. Ein starkes Wachstum der schweizerischen Bevölkerung kann daher immer wieder Bedenken erwecken. Zwar haben auch in Zeiten ganz außerordentlich starker Zunahme der Bevölkerung sich keinerlei Störungen gezeigt; doch ist gute Konjunktur oder irgend etwas Besonderes zu Hilfe gekommen. Ein Beispiel: Von 1888 bis 1910 (innert zweier Volkszählungsperioden) hat die Schweiz um nicht weniger als 835539 Personen zugenommen (1888: 2917754 Einwohner, 1910: 3753293). Damals — eben von 1888 bis 1910 — sind sage und schreibe 260896 Ausländer mehr ein- als ausgewandert und haben den Bestand an Landesfremden schließlich auf 552000 gebracht. In derselben Zeit von 1888 bis 1910 sind aber 107535 Schweizer Bürger mehr ausgewandert als zurückgekommen. Die gute Konjunktur und die Auswanderung so vieler Schweizer in jener Periode hat allen im Lande verbliebenen und eingewanderten Erwerbsfähigen und allen ins erwerbsfähige Alter tretenden jungen Leuten Arbeit und Brot verschafft.

---

[5] Bevölkerungsentwicklung und Wirtschaftsgestaltung, Veröffentlichungen der Frankfurter Gesellschaft für Konjunkturforschung, Neue Folge, Heft 3, Leipzig 1932.

Die Zunahme der schweizerischen Bevölkerung von 1920 bis 1930 hat betragen (nach den Volkszählungen berechnet): 1. Dezember 1920 bis 1. Dezember 1930 netto 186000 Personen (brutto 245000, Wanderungsverlust 59000). Berechnet aus der mittleren Jahresbevölkerung, ergibt sich von 1920 bis 1930 eine Zunahme von rund 170000, und zwar in folgenden Teilmaßen:

Jahre	Zu- oder Abnahme	Überseeauswanderung	Einreisen zu längerem Aufenthalt
1920/21	+ 678	16 405 [6]	14 356
1921/22	− 2300	5 787 [7]	9 952
1923	+ 9000	8 006 [8]	4 830

Und nun wächst die Zunahme andauernd, und zwar jährlich von 1924 bis 1929 um 11800, 14200, 22200, 24000, 33100, 34100.

Die überseeische Auswanderung geht im Vergleich mit 1920 bis 1923 zurück: 1924 bis 1929: 4140, 4334, 4947, 5272, dann 4800, 4608.

Die Einreisebewilligungen zu längerem Aufenthalt an berufstätige Unselbständige belaufen sich jährlich im Mittel von 1924 bis 1929 auf 6215. Dazu kommen die Bewilligungen an Saisonarbeiter — um die 30000 bis 50000 — und an Grenzgänger. Leider fehlt uns einstweilen der aus der Volkszählung von 1930 zu gewinnende Altersaufbau, um die Einzelheiten der gesamten Bewegung zu erkennen. Für die einzelnen dieser Bewegungserscheinungen mögen die Zahlen im folgenden ersehen werden.

Es wanderten über See aus:

im Jahre	Schweizer	Ausländer	Total
1920	7988	1288	9276
1921	6102	1027	7129
1922	4924	863	5787
1923	7121	885	8006
1924	3454 [9]	686	4140
1925	3520	814	4334
1926	4280	667	4947
1927	4476	796	5272
1928	4057	743	4800
1929	3772	836	4608
1930	2965	671	3636
1931	1263	444	1707
1932	915	386	1301

Mit dem Jahre 1924 nahm, wie schon bemerkt, die überseeische Auswanderung viel geringeren Umfang an. Die Masse der Arbeits-

---
[6] 1920 und 1921.
[7] 1922.
[8] 1923.
[9] Kontingentierung der Einwanderung nach den U.S.A. (Gesetz vom 26. Mai 1924).

losen ist somit seit 1923 nicht durch eine besonders starke Auswanderung verringert worden. (Die Städte Basel, Bern, Zürich und Luzern wiesen bis 1923 Wanderungsverlust, von 1923 ab Wanderungsgewinn auf [Statistisches Jahrbuch der Schweiz, 1930, S. 100].) Selbst in den Jahren der guten Konjunktur von 1896 bis 1910 sind durchschnittlich 4230 Personen ausgewandert. Übrigens auch hier das Auffallende, daß absolut stets mehr Schweizer als Ausländer auswandern; relativ, gemessen an ihrem Gesamtbestande in der Schweiz, ist der Anteil der Ausländer allerdings größer.

Nun wäre möglich, daß Arbeitslose die Schweiz mit anderem Reiseziel als überseeische Länder zu Erwerbszwecken verlassen und dadurch eine Verringerung der Gesamtmasse eingetreten wäre. Doch weist die Bevölkerungsbilanz zwischen 1920 und 1930 einen Gesamtwanderungsverlust von 59045 Personen aus. Das waren aber nicht lauter erwerbsfähige Unselbständige; außerdem fällt der Großteil dieses Verlustes, wie ja schon die Zahlen der Wanderung über See dartun, auf die ersten Jahre des Jahrzehnts. Für militärpflichtige Schweizer kennen wir genau die Aus- und die Rückwanderung; die Zahlen werden seit 1926 bekanntgegeben. Es waren:

im Jahre	Auswanderer nach europäischen Ländern	außereuropäischen Ländern	Total	Rückwanderer	Gewinn + Verlust —
1926	7564	1169	8733	5430	— 3303
1927	6095	1793	7888	8296	+ 408
1928	6412	1813	8225	6732	— 1493
1929	6411	1934	8345	6754	— 1591
1930	6444	1794	8238	7549	— 689
1931	4561	1185	5746	8133	+ 2387
1932	3710	802	4512	6955	+ 2443

Die oben mitgeteilten Zahlen über die überseeische Auswanderung erfassen auch die militärpflichtigen Schweizer. Die Auswanderung nach europäischen Ländern ergab für militärpflichtige Schweizer:

im Jahre	Gewinn	Verlust
1926	+ 2628	
1927	+ 1559	
1928		— 474
1929		— 645
1930		— 104
1931	+ 2038	
1932	+ 1844	

So zeigt sich hier wenigstens für einen Teil der zu betrachtenden Periode ein Wanderungsgewinn, und für die vor 1926 liegenden Jahre dürfte ebenfalls — man denke an die zurückkehrenden Auslandschweizer — ein Wanderungsgewinn eingetreten sein. Der Arbeitsmarkt ist infolgedessen wohl bis 1928 durch auswandernde Schweizer nicht stark entlastet worden.

Die Maßnahmen zum Schutze unseres Arbeitsmarktes finden ihren genauen, zahlenmäßigen Ausdruck in den **Einreisebewilligungen.** Diese Bewilligungen können sein:

1. Zustimmungen zu längerem Aufenthalt, d. h. Entlassung aus der eidgenössischen Fremdenkontrolle,
2. Bewilligungen an Saisonarbeiter und Dienstmädchen (an Dienstmädchen bis zu einem Aufenthalt von zwei Jahren),
3. Bewilligungen zur Einreise im kleinen Grenzverkehr.

Es sind nun folgende Bewilligungen erteilt worden:

Jahr	An Unselbständige zu längerem Aufenthalt	An Saisonarbeiter männlich	weiblich	An Berufstätige im kleinen Grenzverkehr
1921	4626	.	.	.
1922	9189	.	.	.
1923	4531	.	.	.
1924	6587	.	.	.
1925	6909	.	.	.
1926	4811	23 076	15 019	13 055
1927	5828	22 799	14 437	11 933
1928	6761	24 917	15 439	13 946
1929	6234	35 206	17 302	17 039
1930	7429	45 264	22 052	16 094
1931	7221	47 614	20 838	14 345
1932	5556	29 617	13 062	9 801

Auch hier fehlen uns zum Teil die Zahlen bis 1925; doch deuten allein die Bewilligungen zu längerem Aufenthalt auf eine für schweizerische Verhältnisse ansehnliche Zahl von zugelassenen Arbeitskräften hin; von 1923 bis 1929 rund 42 000 Fremde, die in der Schweiz Arbeit bekommen haben, jene, deren man bedurfte, weil unter den Arbeitslosen sich nicht immer die geeigneten gesuchten Arbeitskräfte befanden; oft sogenannte Spezialarbeiter, die bei gutem Willen doch hätten hier gefunden werden können. Aber man weiß, wie oft der ansässige nichtschweizerische Arbeitgeber mit allen Mitteln versucht, Verwandte und Landsleute hereinzubekommen.

Unter diesen 42 000 waren allerdings 12 500 weibliche Personen für den Haushalt, Dienstmädchen. Im übrigen waren alle Erwerbszweige vertreten. Unter den 236 000 von 1926 bis 1930 hereingelassenen Saisonarbeitern befanden sich 86 000 Bauarbeiter, 32 000 landwirtschaftliche Arbeiter und Gärtner, 50 000 Dienstmädchen, 25 000 Hotelangestellte. Das sind schon 193 000 Personen.

Wie ersichtlich, kommen diese vier Erwerbsgruppen — Landwirtschaft, Baugewerbe, Hotelgewerbe und Haushalt — ohne fremde Arbeiter nicht aus, und zwar finden sich unter den Zugelassenen auch Ungelernte, nämlich italienische Bauhandlanger und Erdarbeiter, ohne welche größere Hoch- und namentlich Tiefbauten kaum mehr ausgeführt werden können, und landwirtschaftliche Arbeiter. Derweil sitzen soundso viele Ungelernte in den Städten still und gehen stempeln, teils weil die Unternehmer die Fremden bevorzugen, teils weil die einheimischen Arbeiter sich nicht versetzen lassen.

Schon für 1924 wurde Mangel an gelernten Arbeitern in einer Reihe von Industrien festgestellt: so in der Uhrenindustrie, Bekleidungsindustrie, Metall- und Maschinenindustrie, selbst in der Seidenindustrie und der Stickereiindustrie. Dagegen bestand Überfluß an ungelernten Arbeitern. Die schweizerische Qualitätsindustrie braucht viele gelernte Arbeiter — die Automatisierung und die Rationalisierung haben diese noch keineswegs überflüssig gemacht —, und was man an Ungelernten bedarf, wie Erdarbeitern und „Manuali" (Bauhandlangern), und an landwirtschaftlichen Arbeitern, das findet sich unter unseren Ungelernten nicht. Der Beschaffung beruflich gebildeter Arbeiter dient seit einigen Jahren durch stark vermehrten Betrieb die Berufsberatung; das Problem der Ungelernten ist nicht leicht zu lösen.

Die neugeschlossenen Ehen bilden eine besondere Quelle von Konsumkraft für eigentliche Konsumgüter. Weisen die Eheschließungen steigende Tendenz auf, und zwar in ihren absoluten Zahlen, so wird die Konsumkraft andauernd auch von dieser Seite her gesteigert, und es ließe sich denken, daß infolgedessen auch bei gleichbleibender Technik gewisse Gewerbe und Industrien parallel mit der Entwicklung der Zahl der Eheschließungen beschäftigt werden: der Wohnungsbau, die Möbelfabrikation, die Wäschefabrik, die Konfektionsindustrie usw. und dann das ganze Nahrungsmittelgewerbe (samt der Landwirtschaft), sofern die Bedarfsdeckung aus im Inlande erzeugter Ware erfolgt. Dieses trifft nun allerdings nicht immer zu, und hier entsteht eine Lücke in der Rechnung. Aber immerhin: ein gewisses Maß von „Inlandskonsum" bleibt immer da.

Die Eheschließungen in der Schweiz haben sich nun von 1921 bis 1927 in einem eher ungünstigen Verhältnis entwickelt.

Jahr	Absteigende Reihe	Jahr	Ansteigende Reihe
1920	34 975 = 100	1927	28 585 = 82
1921	32 624 = 93	1928	30 050 = 86
1922	30 063 = 86	1929	31 238 = 89
1924	29 561 = 85	1930	32 132 = 92
1925	28 110 = 80	1931	32 269 = 92
1926	28 079 = 80	1932	31 959 = 91

Von 1927 an nimmt ihre Zahl wieder zu. Es ist aber zu beachten, daß der Ausgangspunkt, das Jahr 1920, zum Vergleiche nur bedingt zulässig ist; denn jenes Jahr brachte, wie zum Teil schon 1919, die Erholung nach den mageren Jahren von 1915 bis 1918. Greift man zur allgemeinen Eheschließungsziffer, so zeigt der Vergleich mit früheren Jahren, daß selbst von 1923 an — mit Eheschließungsziffern von 7,6, 7,3, 7,2, 7,1, 7,2, 7,5, 7,8, 7,9 —, namentlich aber ab 1928 dieselben Ziffern errechnet werden können, wie sie die Jahre der besten Konjunktur in der Schweiz 1895 bis 1900 aufweisen. Man kann daher sehr wohl annehmen, daß eine gewisse, allerdings nicht übermäßig große Steigerung der Konsumgüterproduktion infolge vermehrter Eheschließungen stattgefunden habe. Die durch die normalen Zahlen bewirkte Belebung der Konsumgüterproduktion fällt hier nicht in Betracht.

Die Geburtenzahlen mögen den Bedarf an gewissen Konsumgütern verringert haben; jedenfalls wird man nicht fehlgehen, wenn man annimmt, daß die Zahl der insgesamt beim technischen und wirtschaftlichen Teil des Geburtengeschäfts und für die Säuglinge und Kinder Beschäftigten eher zurückgegangen als gewachsen ist. Die Zahl der Lebendgeborenen betrug:

1921	. . . . 80 808	1927	. . . . 69 533
1922	. . . . 76 290	1928	. . . . 69 594
1923	. . . . 75 551	1929	. . . . 69 006
1924	. . . . 73 508	1930	. . . . 69 855
1925	. . . . 72 570	1931	. . . . 68 249
1926	. . . . 72 118	1932	. . . . 68 650

Der Rückgang der Sterblichkeit kann in ähnlicher Weise auf die Tätigkeit und den Umsatz gewisser Betriebe einwirken — Rückgang der Sargschreinerei, der Kranzbinderei, an „Leiddrucksachen" usw. usw. Die Zahl der Gestorbenen betrug:

1921	. . . . 49 518	1927	. . . . 49 202
1922	. . . . 50 292	1928	. . . . 48 063
1923	. . . . 45 983	1929	. . . . 50 438
1924	. . . . 48 988	1930	. . . . 46 939
1925	. . . . 47 877	1931	. . . . 49 414
1926	. . . . 46 452	1932	. . . . 49 911

Die Zahlen weichen vom Durchschnitt der Jahre 1921/1929 um 4 bis 8% ab; die Schwankungen sind nicht groß, können sich aber in einzelnen Betrieben fühlbar machen. Gegenüber früheren Jahrzehnten ist der Rückgang erheblich. Mittlere Sterblichkeit z. B.:

Im Jahrzehnt	Personen
1901—1910	55 332
1911—1920	52 560
1921—1930	48 443
1931—1932	49 667

Dafür brauchen die am Leben Gebliebenen Nahrung, Kleidung usw., und im Grunde läuft das Ganze bloß auf eine Verschiebung in der Konsumgüterproduktion hinaus und nicht auf eine Verringerung an Arbeitsmöglichkeit.

Man beachtet nach meinem Dafürhalten im ganzen den Einfluß der natürlichen Bevölkerungsbewegung und der Eheschließungen und -lösungen auf das Wirtschaftsleben viel zu wenig, weil er sich nicht krisenmäßig auswirkt, sondern nur in langsamem Prozeß. Was nur der Geburtenausfall direkt zur Folge hat: gewaltiger Minderkonsum an Milch, an Baumwollstoff, an sogenannten Ausstattungsgegenständen! Minderausgaben auf der einen Seite, die dann durch die Mehrausgaben auf der anderen, nämlich infolge der stärker auf andere Güter eingestellten Konsumkraft der Eltern ausgeglichen werden.

Die weiteren Folgen des Geburtenrückgangs, nämlich der Rückgang des erwerbsfähigen Nachwuchses ist bekannt. Die Schweiz hatte folgende Zahlen von Lebendgeborenen:

1908	... 96 245	1913	... 89 757
1909	... 94 112	1914	... 87 330
1910	... 93 515	1915	... 75 545
1911	... 91 320	1916—1919	je rund 72 500
1912	... 92 196		

Die ihnen entsprechenden Aufwuchszahlen waren demnach noch verhältnismäßig hoch und wirkten sich in den Jahren ab 1922 aus. Somit war gerade in der Zeit, die wir hier zu behandeln haben, die Aufwuchsziffer noch beträchtlich. Die eigentlichen Ausfälle treten erst ab 1927/28 stärker und besonders fühlbar ab 1929/30 auf. Die Jahre 1923 bis 1927 brachten demzufolge immer noch eine erhebliche Zahl von jungen erwerbsfähigen Leuten.

Es ist unmöglich, aus diesen Zahlen ein Bild der Struktur der Bevölkerung zu erlangen, man bedürfte, wie erwähnt, der Altersgliederung der Berufsstatistik aus der Volkszählung von 1930.

Deutlich tritt aber die von 1923 an sich steigernde Zunahme der Bevölkerung im Jahresmittel hervor:

1923—1925	.... 26 000
1925—1927	.... 46 200
1927—1929	.... 67 200

und dann die Abnahme:

1929—1930	.... 30 700	170 100

Davon mögen gegen 50%, also rund 85 000 Personen, erwerbsfähig gewesen und von der Wirtschaft aufgenommen worden sein. Man ist vielleicht versucht zu sagen, infolge der Einreisepolitik der Behörden, also des „manipulierten Arbeitsmarkts", sei die Zahl der Erwerbstätigen beschränkt worden; demgegenüber darf man behaupten, daß das gesamte Kontingent der zu längerem Aufenthalt mit Bewilligung eingereisten unselbständig Erwerbenden mit rund 63 000 von 1921 bis 1930 doch recht beträchtlich ist. Ohne die Grenzsperre wäre die Schweiz völlig durch fremde Einwanderer überschwemmt worden.

Es ist nicht nur an und für sich, sondern auch im Vergleich mit diesen Zahlen über Einreisen interessant, die Wanderungsbewegung vor dem Krieg, in der Zeit ungehinderten Grenzübertritts, zu verfolgen. Man kann dies wenigstens für die Jahrzehnte 1888—1900 und 1900—1910; die Wanderungen in den Jahren 1910—1914 lassen sich zahlenmäßig nicht ermitteln. Es betrug der Wanderungsüberschuß (+) oder der Wanderungsverlust (—) für

im Jahrzehnt	Schweizer	Ausländer	Total
1888—1900	— 52 977	+ 127 096	+ 74 119
1900—1910	— 51 983	+ 131 225	+ 79 242
1910—1920	— 7 920	— 109 605	— 117 525
1920—1930	— 77 137	+ 18 096	— 59 041

Nur dank einer über alle Maßen starken Einwanderung, hauptsächlich von Deutschen und Italienern, konnte sich 1888—1910 ein Wanderungsüberschuß bilden. Er betrug pro Jahrzehnt zirka 70 000 Personen, d. h. etwas mehr als die 1921—1930 an unselbständige Berufstätige zu längerem Aufenthalt bewilligte Einreisen. Die genannten Jahrzehnte waren aber solche ganz vorzüglicher Konjunktur, und an Arbeitskräften war starker Bedarf.

Der Wanderungsüberschuß hielt an bis Juli 1914, dann setzte die große Abwanderung ein. Angebot und Nachfrage auf dem Arbeitsmarkt fingen an sich zu wenden, um so mehr als ein Teil der berufstätigen Schweizer Grenzdienst versehen mußte. Die auch nach Kriegsende fortdauernde Grenzsperre dämmte eine ungehinderte Einwanderung ein, und die Jahre der großen Arbeitslosigkeit bis Anfang 1924 förderten die Abwanderung, und als nun wieder eine Periode guter Konjunktur einsetzte, wurde die Erteilung einer großen Zahl von Einreisebewilligungen notwendig. Sie hätte dann allerdings und mindestens von 1930 an abgebremst werden sollen.

III. Die Gesamtarbeitslosigkeit 1920 bis 1931 und ihr Rückgang von 1923 bis 1929

Die Jahre unmittelbar nach dem Krieg hatten der Schweiz eine nie gekannte Arbeitslosigkeit gebracht[10]. Man hatte diese Arbeitslosigkeit schon im Jahre 1917 vorausgesehen, und zwar in Kreisen der Großunternehmer sowohl, wie in der Leitung des Eidgenössischen Volkswirtschafts-

---

[10] Vgl. Tr. Geering, Handel und Industrie der Schweiz unter dem Einflusse des Weltkrieges, Basel 1930. Es sei hier ein für allemal auf dieses ausgezeichnete und reich belegte Werk verwiesen.

departements, und jene hatten sich damals bereit erklärt, an die Kosten einer Arbeitslosenfürsorge beizutragen. In der Folge waren Bundesratsbeschlüsse über die Arbeitslosenfürsorge erlassen und im Jahre 1919 ein eidgenössisches Amt für Arbeitslosenfürsorge — mit drei Abteilungen für Arbeitsbeschaffung, Arbeitsvermittlung und Unterstützung — errichtet worden, und erst dieses Amt hat systematisch die Zahl der Arbeitslosen, wie im ersten Abschnitt angedeutet, festzustellen versucht.

Die Arbeitslosigkeit hatte in besonders starkem Maße im Jahre 1921 eingesetzt. Die Zahl der Arbeitslosen betrug im Jahresdurchschnitt im

Jahre	Total	Männer	Frauen
1920	6 522	5 256	1 266
1921	58 646	45 674	12 972
1922	66 995 [11]	56 735	10 260
1923	32 605	28 286	4 319
1924	14 692 [12]	12 458	2 234
1925	11 090	8 115	2 975
1926	14 118	10 056	4 062
1927	11 824	8 713	3 111
1928	8 380	5 806	2 574
1929	8 131	5 717	2 414
1930	12 881	8 971	3 910
1931	24 208	17 389	6 819
1932	54 366	42 257	12 109

Zu diesen Vollarbeitslosen kommen jeweilen noch Teilarbeitslose in beträchtlicher Zahl. Die Entwicklung der Gesamtzahl der Vollarbeitslosen mag auf der folgenden Tabelle 1 und der Tafel 1 verfolgt werden.

Tab. 1 **Vollarbeitslose in der Schweiz**

Monat	1923	1924	1925	1926	1927	1928	1929	1930	1931	1932
I	56 275	28 460	12 184	20 525	19 370	14 212	16 284	14 846	27 316	57 857
II	52 734	27 120	11 834	18 138	19 201	12 017	15 979	13 462	26 886	63 708
III	44 909	21 380	10 185	14 307	13 568	8 265	7 098	10 138	19 919	52 288
IV	35 512	16 730	8 591	11 320	11 220	6 910	5 382	8 791	16 036	44 958
V	30 228	13 618	7 189	10 703	9 547	6 410	5 049	9 545	14 365	41 798
VI	25 583	10 938	8 084	10 272	7 735	5 378	4 399	9 002	14 433	41 441
VII	22 722	8 235	9 751	11 013	8 404	5 525	4 801	10 161	17 975 [13]	45 448
VIII	22 554	8 737	9 895	11 818	8 854	6 523	4 611	10 351	18 506	47 064
IX	22 830	8 718	10 356	12 803	8 335	6 125	5 197	11 613	19 789	49 532
X	24 013	9 451	12 219	14 253	9 873	7 636	6 799	15 268	27 783	58 127
XI	27 029	11 479	15 760	16 366	12 079	9 571	8 657	18 354	36 920	68 286
XII	26 873	11 419	17 027	17 900	13 701	11 993	13 320	23 045	50 570	81 887

---

[11] Maximum im Februar mit 100 000 Vollarbeitslosen.
[12] Ab 1. Juli 1924 bei den Arbeitsämtern angemeldete Stellensuchende.
[13] Ab Juli 1931 mit den früheren Angaben nicht vollständig vergleichbar.

Recht lehrreich, diesen Zahlen nachzugehen, sei es von links nach rechts, sei es in den einzelnen Jahren von oben nach unten. Sie sind aus den schon genannten Gründen Minimalzahlen, geben aber gleichwohl das Wichtigste wieder, nämlich die große Bewegung, d. h. den raschen Rückgang bis Mitte 1925 in den durch die allgemeinen wirtschaftlichen Verhältnisse bedingten Zahlen, dann ein erneutes Ansteigen bis Mitte 1926, weiter ein Abfallen bis Mitte 1929 und von da an ein neuerliches Wachstum, das noch kein Ende genommen hat.

Tafel 1 **Die Arbeitslosigkeit in der Schweiz 1921 bis 1932**

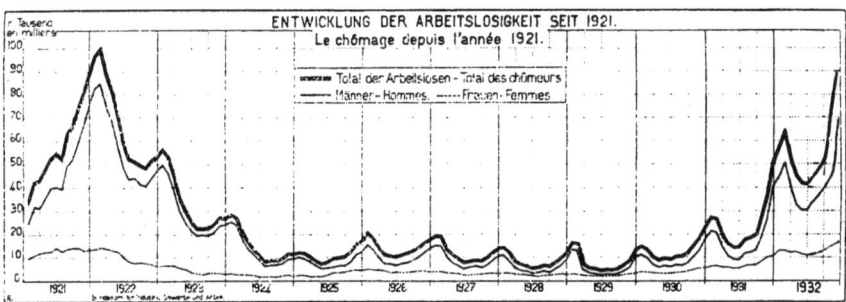

Die saisonale Arbeitslosigkeit tritt für eine Reihe von Berufsarten in allen Jahreszeiten auf. Sie wirkt sich besonders stark, also ungünstig, in der Zeit vom September oder Oktober bis in den März aus, mit einem Maximum im Januar, und wird durch den Betrieb der Wintersporthotels etwas ausgeglichen. Für das Hotelpersonal schiebt sich eine ungünstige Zwischenzeit zwischen Winter- und Sommersaison ein. Die einzelnen Erwerbszweige weisen starke Saisonschwankungen auf[14].

Die Kurve der gesamten Arbeitslosigkeit läßt nun — und das ist für uns hier das Wichtige — keine lange Welle der Arbeitslosigkeit erkennen. Sie gewährt das Bild der mittelwelligen konjunkturellen Arbeitslosigkeit, wie man es vor dem Kriege in allen Industrieländern hatte zeichnen können, und zwar am deutlichsten vor und nach den Krisenjahren 1857, 1864, 1873, 1882, 1891/92 — also in mehr oder weniger regelmäßigen Abständen — und dann 1902, 1907 und 1912/13. Wohl bleibt 1923 bis 1929 ein gewisser Bodensatz, eine Menge von um die 5000 bis 10000 Arbeitslosen, aber ein wesentlicher Teil dieser Arbeitslosigkeit ist eben konstant, und der Rest gehört einigen wenigen Industrien an, die seit 1922 nicht mehr in die Höhe gekommen, sondern an-

---

[14] Vgl.: Die Saisonschwankungen in der Arbeitslosigkeit, im Heft 2 der Sozialstatistischen Mitteilungen, herausgegeben vom Eidgenössischen Arbeitsamt, 1925.

dauerndem Siechtum verfallen sind: der Seidenbandweberei und der Stickerei. Man könnte hier von langwelliger Arbeitslosigkeit im kleinen sprechen; doch soll hierüber bei der folgenden Behandlung dieser Industrien die Rede sein.

Die Arbeitslosigkeit in den einzelnen Erwerbszweigen war zu Beginn der Beobachtungszeit (1923) verschieden groß und hat sich, wie eben angedeutet, verschieden gestaltet. Ihre Entwicklung im Jahresmittel zeigt die Tabelle 2.

Tab. 2 **Vollarbeitslose in den einzelnen Erwerbszweigen**

Jahr	Textilindustrie	Ungelernte Arbeiter resp. übrige Berufe	Maschinen- und Metallindustrie	Uhrenindustrie	Baugewerbe	Handel und Verkehr	Hotel- und Gastwirtsgewerbe	Lederarbeiter	Bekleidungsindustrie	Lebens- und Genußmittelindustrie
1923	2 922	8 263	3 836	3 181	5 540	2 290	1 053	.	517	887
1924	1 351	3 878	1 542	557	2 457	1 385	812	.	299	285
1925	2 100	1 782[15]	991	315	1 637	1 187	629	107	205	224
1926	2 926	1 946	1 411	340	2 500	1 300	750	113	288	227
1927	1 980	1 657	1 240	345	2 215	1 135	665	107	215	246
1928	1 440	1 087	593	165	1 675	824	546	67	184	169
1929	1 087	1 232	475	167	1 881	727	555	74	216	138
1930	1 964	1 569	1 070	2 287	2 200	808	620	73	240	157
1931	2 911	2 577	2 610	6 233	3 500	1 366	942	168	397	275
1932	6 005	?	7 651	12 552	10 445	2 978	1 565	445	746	759

Zunächst ist in methodischer Hinsicht zu bemerken, daß die Zuteilung der Arbeitslosen zu den einzelnen Zweigen in den paar Dutzend Arbeitsämtern nicht nach genau der gleichen Art erfolgen kann; es zeigen sich da immer größere und kleinere Verschiedenheiten. Dann sieht der Tabellenkopf objektive und subjektive Berufe vor, z. B. Ungelernte, übrige Berufsarten, Maschinen- und Metallindustrie usw. Ab Juli 1924 ist sodann eine andere Gliederung und Zuteilung erfolgt. Die Tabelle enthält, wie schon gesagt, die Vollarbeitslosen (Teilarbeitslose fehlen, sie spielen allerdings erst seit 1930/31 wieder eine Rolle), und gar mancher Arbeitslose hat sich nicht beim Arbeitsnachweis gemeldet. Also immer wieder: Minimalzahlen. Beim Baugewerbe müßte eine Ausscheidung der saisonalen Winterarbeitslosigkeit durchgeführt werden. Dennoch spiegeln diese einer scharfen Kritik weichenden Zahlen für den Kundigen das wirtschaftliche Leben wider: den plötzlichen Ruck nach aufwärts, zur besseren Beschäftigung im Jahre 1924, den Abfall 1926, d. h. wieder stärkere Arbeitslosigkeit, dann die beiden Jahre der Hochkonjunktur 1928 und 1929, ferner die andauernde Misere in der Textil-

---

[15] Ab 1925: übrige Berufsarten.

industrie und die längst bekannte Tatsache, daß die Ungelernten immer einen großen Teil der Arbeitslosen bilden, und zum Ende die schlimme Zeit seit 1930, die sich in allen Hauptzweigen, vor allem in der Textil-, der Uhren-, der Metallindustrie und auch beim Hotelpersonal zu erkennen gibt.

Ein Vergleich mit der Zahl der Arbeitslosen von 1921 bis 1931 in Deutschland, Großbritannien, Dänemark, Schweden, Norwegen, den U.S.A. und anderen Ländern[16] läßt diese günstige Konjunktur in der Schweiz von 1924 bis 1930 auffallend stark hervortreten, und doch gehört die Schweiz zu den Ländern mit hohen Löhnen und hoher Lebenshaltung. Agthe berechnet[17]: Arbeitslose auf je 1000 der Bevölkerung:

	1921	1922	1923	1924	1925	1926	1927	1928	1929	1930	1931	Ende 1931
Schweiz	15	17	8	4	3	4	3	2	2	3	6	13

Und nun die Kernfrage: Warum in der Schweiz diese von 1924 bis 1929 so stark verminderte Arbeitslosigkeit? Da mag einmal ausgesprochen werden, daß die Industrie der Schweiz, wiewohl das Land stark industrialisiert ist — die in der Landwirtschaft Beschäftigten mögen noch 23% aller Erwerbstätigen betragen —, an und für sich zahlenmäßig, verglichen mit derjenigen anderer Industrieländer, absolut klein ist. Die größten Betriebe der Maschinenindustrie zählen 5000 bis 6000 Beschäftigte, die gesamte chemische Großindustrie 7500 Arbeiter. Viele Betriebe mit qualitativ respektabler Produktion, und zwar Exportbetriebe, zählen zu den Mittel- und Kleinbetrieben. Einem Kleinen wird es aber immer leichter sein, unterzukommen, d. h. Aufträge zu erlangen. Ein Auftrag von einer Million Franken bedeutet durchschnittlich für die schweizerische Industrie im allgemeinen viel, viel mehr als für die deutsche. Dabei hat es der schweizerische Fabrikant allerdings nicht leicht: das Land liegt nicht am Meer — den einzigen Zugang bildet der Rhein mit der seit etwa 27 Jahren neu eröffneten Rheinschiffahrt —, es fehlt die Rohstoffbasis: keine Kohlen, kein Eisen, keine Metalle, keine Baumwolle, keine Seide usw., und der Inlandmarkt ist für die großen Exportindustrien recht klein. Zugunsten der schweizerischen Industrien wirken eine vorzügliche Versorgung mit elektrischer Kraft, die Tradition, die Arbeitsübung und die Liebe zur Qualitätsarbeit bei den Arbeitern der alten bekannten Exportindustrien, die gute Schulung in den allgemeinen, auf Unentgeltlichkeit aufgebauten Schulen und in den meist unentgeltlichen

---

[16] Vgl. Adolf Agthe, Statistische Übersicht der Arbeitslosigkeit in der Welt, 1. Teil dieses Bandes der Schriften des Vereins für Sozialpolitik, S. 145.
[17] Er errechnet das Jahresmittel aus 13 Stichzählungen; ich habe mit 12 gerechnet. Die Abweichungen sind insgesamt unbedeutend.

Berufsbildungsanstalten, die vorzügliche Qualität der leitenden Personen, der Ingenieure, Techniker, Chemiker usw., die angespannte, durch Politik kaum gestörte Hingabe der Unternehmer an ihren Betrieb, insgesamt die Nüchternheit — im Sinne von Phantasielosigkeit — aller am Produktionsprozeß Beteiligten; der Schweizer steht mit beiden Beinen auf dem Boden.

Es war immer der Zwang zu größter Kraftanstrengung, zum Kampf gegen die Konkurrenz der Großen im Auslande, der regsam machte, und schließlich hat die teure Arbeitskraft und der Kapitalreichtum im ganzen die schweizerische Industrie kapitalintensiv gestaltet und sie, mangels der Rohstoffbasis und der ungünstigen Frachtlage, zu einer Qualitätsindustrie gemacht.

Die Landwirtschaft kann keinen Bevölkerungszuwachs mehr aufnehmen, es sei denn, daß man mit ungeheuren, zum vornherein abzuschreibenden Kosten die letzten noch urbarisierbaren Landflecken für die Landwirtschaft bereitstelle, und auch dann findet vielleicht nur noch der Bevölkerungszuwachs eines Jahrzehnts Aufnahme.

Wo aber soll der weitere Zuwachs ein Unterkommen finden? In Industrie und Gewerbe! Wenn er aber hier nicht Raum findet, muß er auswandern.

Bisher, solange der Weltmarkt Qualitätsprodukte brauchte, fand er sie in der Schweiz. Mit billigen Waren kann die Schweiz die Welt nicht versorgen; andere Länder werfen sie in Massen in unser Land. Bedürfte aber das fremde Land keiner Qualitätsware mehr, dann wäre es mit der Exportindustrie der Schweiz zu Ende, und damit wäre auch die Unmöglichkeit gekommen, fremde Brotfrucht, Eisen, Baumwolle u. a. nur schon für den eigenen Bedarf aus dem Export zu bezahlen. Dasselbe tritt mehr oder weniger ein, wenn unsere Industrie infolge der Schutzzölle mehr und mehr zur Auswanderung gezwungen wird.

In der Technik wird man aber nicht immer und überall nur mit billiger Ware, Maschinen, chemischen Produkten usw., vorliebnehmen. Man fährt und arbeitet mit teuern Dieselmotoren, Kompressoren, Dampfturbinen, Webstühlen, Laustautos usw. besser, wenn sie dafür um so länger aushalten oder einen größeren Nutzeffekt gewähren. Solange der Weltmarkt Qualitätsware braucht und bezahlen kann, so lange wird die schweizerische Exportindustrie zu liefern haben, und das traf auf die Jahre 1923 bis 1929 noch zu.

Mit der Exportindustrie sind verknüpft: ein guter Teil der für das Inland arbeitenden Industrie, da er für jene arbeitet, ferner der Handel und die Verkehrseinrichtungen; auch die Wasser-, Gas- und Elektrizitätswerke liefern der Exportindustrie in starkem Maße.

Der hohe Stand der Löhne und der Lebenshaltung der schweizerischen Bevölkerung macht außerordentlich kaufkräftig und verschafft damit dem Gewerbe reichlich Arbeit, und da in den Jahren von 1923 an die Löhne ihre steigende Richtung beibehielten, blieb das „Inlandsgewerbe" in Schwung. Allerdings ist bei der Ausweitung des Konsums die Wahl auf fremde Waren in Masse gefallen, und zwar auf viele nicht lebenswichtige Dinge. Hier einige Belege für die Zunahme der Prosperität im allgemeinen.

Tab. 3 **Der Motorwagen- und Fahrradbestand der Schweiz**

Jahr	Personen-wagen	Last-wagen	Traktoren	Motor-räder	Einwohner pro Motorfahrzeug	Fahrräder (in 1000)
1922 Mitte	15 011	5 790	.	9 753	127	542
1923 ,,	16 697	6 342	.	10 510	116	592
1924 ,,	20 028	6 658	.	12 943	88	640
1924 Ende	22 540	8 253	.	13 664		
1925 ,,	28 697	8 381	593	18 967	70	678
1926 ,,	36 070	9 589	686	23 600	57	722
1927 ,,	42 369	11 184	896	31 534	46	750
1928 ,,	50 168	12 049	1226	38 432	39	780
1929 ,,	53 149	14 594	1340	42 306	36	801
1930 ,,	60 735	15 843	1913	46 421	33	820
1931 ,,	63 945	17 195	2032	46 875	31	841

Fabrikation und Reparatur von solchen Verkehrsmitteln und der Handel damit haben, ja müssen seit 1922 viel mehr Personen Erwerb verschafft haben.

Ein anderes: aus dem Gebiet der Elektrizitätsversorgung, des Verbrauchs von elektrischer Energie:

Tab. 4 **Anschlußwerte der Elektrizitätswerke**

Jahr	Motoren		Lampen		Wärmeapparate	
	Zahl	kW	Zahl	kW	Zahl	kW
1922	141 440	488 700	8 480 300	297 000	493 300	376 600
1929	249 000	731 000	11 307 000	421 300	1 082 000	920 000
1931	296 000	850 000	12 350 000	475 000	1 300 000	1 150 000

Jahr	Großabnehmer kW	Bahnen kW	Total kW	Totalerzeugung 10^6 kWh	Erzeugungsmöglichkeit hydr. 10^6 kWh
1922	226 900	66 200	1 455 400	2 032	3 425
1929	332 900	107 800	2 513 000	3 770	4 150
1931	400 000	125 000	3 000 000	3 730	4 920

(Vgl. Schweizerischer Elektrotechnischer Verein, Bulletin 1932, Nr. 15.)

Die Energieabgabe in der Schweiz ist gestiegen			Die Ausfuhr ist gestiegen	
Jahr	10⁶ kWh	%	10⁶ kWh	%
1922	1570	32	462	42
1925	2070	16	655	47
1927	2400	16	961	3
1929	2780	−0,7	990	−2
1931	2760		970	

Diese Abgabe- und Verbrauchszunahme ist den Produktionsstätten, großen und kleinen, den öffentlichen Anstalten und den Privatbetrieben zuzuschreiben und bedeutet wiederum auch für die Zeit von 1923 bis 1929 eine recht beträchtliche Vermehrung der Arbeitsgelegenheit vom Studium und Bau der Kraftwerke an bis zur Installation an der letzten Bezugsstelle, und dazwischen liegen alle Betriebe, die Apparate und Maschinen der Elektrobranche herstellen.

Ein drittes, an und für sich schon recht lehrreiches Beispiel:

Jahr	Telegraphen-büros	Telephon-sprech-stationen	Jahr	Radio-konzessionen
1923	2 312	177 437	1925	33 532
1930	2 785	292 681	1930	103 808

Die eidgenössische Telephonverwaltung verwendet in steigendem Maße schweizerische Fabrikate, wie Kabel, Telephonapparate usw., und neuerdings werden nicht mehr nur kleine, sondern auch große Zentralinstallationen schweizerischen Firmen übertragen. Die Aufträge an Private mögen jährlich 20 Millionen Franken erreichen. Meist handelt es sich um arbeitsintensive Lieferungen. „Die Sorge der eidgenössischen Telephonverwaltung war es, als sie 1927 die trotz tiefgreifender Reorganisationsmaßnahmen noch unbefriedigende Produktivität der auf die Hälfte zusammengelegten Bauämter feststellen und über die weiteren Maßnahmen beraten mußte. Statt Personal abzubauen, entschloß man sich zur Steigerung des produktiven Beschäftigungsgrades durch Einleitung einer Propaganda zur Ausbreitung des Telephons, gleichzeitig sollte damit auch dem Verkehr ein neuer Impuls gegeben werden." Die Propaganda war ungemein erfolgreich; denn selbst in Gebieten mit großer Dichte, wie z. B. Zürich, konnte ein Zuwachs von 50% erreicht werden. Der Teilnehmerzuwachs für die ganze Schweiz betrug innert zweier Jahre von 1927 bis 1929 rund 100%. Die Vermehrung der Sprechstellen sogar 150%. 1902 hatte man den Ausbau des Netzes als nahezu abgeschlossen betrachtet — damaliger Anlagewert 18 Millionen Franken; 1930 aber 420 Millionen[18].

---

[18] Zweck und Ziel der Telephonpropaganda, Vortrag von Inspektor W. Wunderlin in „Technische Mitteilungen der schweizerischen Telegraphen- und Telephonverwaltung", 1930, Nr. 1.

Auch der Gepäck-, Tier- und Güterverkehr kann ohne Zweifel als eine Größe zur Bemessung der Konjunktur verwendet werden. Der Umfang dieses Verkehrs in der Schweiz ist seit dem Tiefstande im Jahre 1921 mit 17 180 000 t bis 1929 andauernd gewachsen; er betrug:

im Jahre	in 1000 Gütertonnen	im Jahre	in 1000 Gütertonnen
1921	17 188	1927	24 563
1922	18 154	1928	25 802
1923	19 951	1929	26 813
1924	22 632	1930	25 772
1925	22 712	1931	25 236
1926	23 056	1932	21 953

Ergebnis: ein Umfang der Güterbewegung seit 1924, wie er vorher nur einmal — im Jahre 1920 — erreicht worden war. Von 1927 an Rekordzahlen, 1930 wieder die ersten Äußerungen des Rückschlages.

Das sind Belege, sowohl für das Wachstum der Wirtschaft als auch für den Wohlstand der Bevölkerung. Man könnte diese Hinweise mannigfach vermehren, so für Basel aus dem Ertrag der Billettsteuer (speziell der Kinos).

Jahr	Kinos Zahl	Billettsteuer (10% der Einnahmen) Franken	Bei einer Bevölkerung von	
1923	8	150 100	142 000	Bevölkerungszunahme
1925	8	189 500	144 000	rund 10%
1927	8	233 000	148 000	Kinosteuer (d. h. auch
1929	13	290 600	153 000	Ausgaben für den Be-
1930	16	362 500	155 000	such) mehr als 100%
1931	16	368 500	157 000	
1932	16	346 200	161 000	

Die Motorfahrzeugsteuer stieg in Basel allein von 343 000 Franken im Jahre 1925 auf 842 000 im Jahre 1930, die Zahl der Einkommenssteuerpflichtigen auf je 10 000 Einwohner von 3064 im Jahre 1923 auf 3853 im Jahre 1930 — bei gleichbleibenden Steuergesetzen —, die Zahl der Vermögenssteuerpflichtigen von 14 500 im Jahre 1923 auf 17 765 im Jahre 1930, das Steuerkapital von 1 101 872 000 Fr. (1922) auf 1 453 185 000 Fr. (1930), und das alles bei dem oben angegebenen bescheidenen Wachstum der Bevölkerung und wiewohl die frühere Hauptindustrie Basels, die Seidenbandweberei, völlig darniederliegt. Aber so wie hier im kleinen hat im ganzen Lande im größeren eine allgemeine wirtschaftliche Blütezeit — sie hat leider nur wenige Jahre gedauert — den schlechten Gang einzelner Industrien zu paralysieren vermocht.

IV. Die Bekämpfung der Arbeitslosigkeit durch die öffentliche Verwaltung

Wie ist es nun möglich geworden, die Masse von 100000 Vollarbeitslosen (so viele waren es noch im Februar 1922), dazu Zehntausende von Teilarbeitslosen und weiter den Zuwachs an Erwerbsfähigen und -lustigen von 1923 bis 1929 zu beschäftigen, m. a. W. der Arbeitslosigkeit Herr zu werden und für die jungen ins Erwerbsleben eintretenden Menschen wie für die zugewanderten Erwerbsfähigen — zurückgekehrte Schweizer und ins Land gelassene Fremde — Arbeit zu schaffen? Da setzte die zum Teil schon erwähnte sozial- und bevölkerungspolitische Tätigkeit des Bundes, der Kantone und Gemeinden ein und sorgte für die, die in der Privatindustrie nicht unterkommen konnten, und zwar durch:

1. Arbeitslosenfürsorge,
2. Hilfsaktionen in größtem Maße für die Niedergelassenen,
3. Hilfsaktionen für zurückgekehrte Auslandschweizer,
4. Arbeitsbeschaffung,
5. Arbeitsvermittlung auf breiterer Grundlage,
6. Sperrung der Grenzen gegen die Einwanderung von nicht notwendigen fremden Arbeitskräften,
7. Organisation der Auswanderung für Schweizer.

Diese Maßnahmen sind mit Ausnahme der Grenzsperre hauptsächlich in der Zeit von 1919 bis 1923 durchgeführt worden. Im Jahre 1924 wurden sie — soweit noch durch Notverordnung des Bundesrates oder Bundesbeschlüsse begründet — nach und nach eingestellt.

Das schon genannte Eidgenössische Amt für Arbeitslosenfürsorge, aus dem im Jahre 1921 das Eidgenössische Arbeitsamt (heute das Bundesamt für Industrie, Gewerbe und Arbeit) erwachsen ist, hat mit seinen drei Sektionen für Arbeitsbeschaffung, Arbeitsvermittlung und Arbeitslosenfürsorge und einer das ganze Land umfassenden Organisation vorzüglich gewirkt.

Bei subventionierten Bauarbeiten (gemäß Bundesratsbeschluß vom 14. November 1922 Tiefbau- und Hochbauarbeiten; diese galten gleichzeitig der Behebung der Wohnungsnot) wurden Ende 1922 etwa 15000 Personen beschäftigt, zu Beginn 1923 14300, wovon 11500 eigentliche Notstandsarbeiter, d. h. Leute, die jederzeit tatsächlich für eine anderweitige Vermittlung in Frage kommen konnten. Die Zahl stieg Ende Februar 1923 auf 17400, wovon 14800 Notstandsarbeiter, sank dann Monat für Monat und erreichte Mitte 1924 noch 6400 mit 4100 Notstandsarbeitern. Durch Bundesratsbeschluß vom 4. März 1924 wurde der Abbau der Subventionen von Notstandsarbeiten eingeleitet. Um die Zahl dieser Notstandsarbeiter wäre das Heer der Arbeitslosen größer gewesen.

Am 15. Dezember 1922 war der Geschäftsstelle der Schweizerischen Vereinigung für Innenkolonisation und industrielle Landwirtschaft in Zürich die Aufgabe einer Zentralstelle für das kolonisatorische Auswanderungswesen übertragen worden. Insgesamt waren gegen 1000 Schweizerbürger mit Bundessubvention nach Kanada ausgewandert. Infolge Bundesratsbeschluß vom 31. März 1924 erreichte die Tätigkeit dieser Geschäftsstelle ihr Ende. Es war übrigens insofern eine einseitige Maßnahme, als infolge mangelnden Gegenrechts nur Schweizerbürger die Reisesubvention erhielten. Schweizerbürger wanderten aus, und die Ausländer blieben da!

Über die Hilfsaktionen ist hier weiter nicht zu reden; sie erstreckten sich auf die Verbilligung von Milch für die gesamte Bevölkerung und besondere Verbilligungen von Milch, Brot, Kartoffeln u. a. m. für notleidende Teile der Bevölkerung ohne Unterschied der Nationalität, die den Bund Hunderte von Millionen Franken kosteten.

Auslandschweizer kamen nach dem Krieg und bis tief in das verflossene Jahrzehnt hinein vielfach mittellos in ihre Heimat zurück — aus Rußland z. B. — und vergrößerten die Zahl der Arbeitslosen. Die für sie getroffenen Maßnahmen sind hier ebenfalls nicht zu behandeln.

Die Arbeitsvermittlung ist vom Eidgenössischen Amt für Arbeitslosenfürsorge insofern auf eine viel breitere Grundlage gestellt worden, als in allen Kantonen oder auch für mehrere Kantone zusammen die Errichtung von kantonalen Arbeitsnachweisämtern und in allen Gemeinden die Eröffnung von Gemeinde-Arbeitslosenfürsorgestellen angeordnet wurde, denen die Arbeitsvermittlung und Stellenmeldung oblag. Für Arbeitgeber war, wie schon erwähnt, die Meldepflicht für offene Stellen vorgeschrieben worden. Das Eidgenössische Amt bildete die Zentrale dieses ganzen Netzes.

Diese Notorganisationen blieben so lange bestehen, bis die Lage des Arbeitsmarktes wieder günstiger geworden war, und zwar wurden die Unterstützungsaktionen nach Erwerbszweigen reduziert oder aufgehoben oder auch — falls die Lage in einzelnen Erwerbsarten sich nach vorübergehender Besserung verschlimmerte — für sie wieder zugelassen.

Nachdem am 18. Mai 1923 der erste Bundesratsbeschluß über die teilweise Einstellung der Arbeitslosenfürsorge und -unterstützung ergangen und damit männiglich — Unternehmer, Angestellte und Arbeiter —

auf die endgültige Liquidation dieser Fürsorge vorbereitet war, bildete das Jahr 1924 den Wendepunkt. Am 4. März 1924 folgte der Bundesratsbeschluß betr. die Einstellung der Maßnahmen des Bundes zur Bekämpfung der Arbeitslosigkeit, am 7. März ein Bundesratsbeschluß betr. Änderungen in der Arbeitslosenunterstützung, und am 2. Juni ein Bundesratsbeschluß über die Einstellung der Arbeitslosenfürsorge. Den Kantonen war anheimgestellt worden, je nach der Lage des Arbeitsmarktes auf ihrem Gebiete die Notstands- und Unterstützungsmaßnahmen rascher abzubauen, als der Bundesratsbeschluß es vorsah. Im Laufe des Frühjahrs und Sommers 1924 stellte denn auch eine Reihe von Kantonen die Arbeitslosenunterstützung ein; dafür begannen, namentlich in den Städten, die sogenannten Winterhilfen einzusetzen, die sich bis heute erhalten haben, und wurde, nachdem das Bundesgesetz betr. die Beitragsleistung an die Arbeitslosenversicherung vom 17. Oktober 1924 als Subventions- und Rahmengesetz erlassen worden war, in Kantonen und Berufsverbänden die Einrichtung und der Ausbau der Arbeitslosenversicherung angeregt. Die Arbeitslosigkeit begann in normale Geleise zurückzukehren; es blieben die konstante und die saisonale Arbeitslosigkeit und die Arbeitslosigkeit in den wiederholt erwähnten notleidenden Textilindustrien, nämlich in der Stickereiindustrie und der Seidenbandweberei. Es sei hier nebenbei kurz angedeutet, daß die Erwägung, die Versicherung führe aus der Fürsorge ein für allemal heraus, sich als Illusion erwies. Einmal blieben die Winterhilfen bestehen, sodann setzten seit 1931 mit der wiederum so stark sich entwickelnden Arbeitslosigkeit des gegenwärtigen Konjunkturrückschlages die Krisenhilfe und Notunterstützung neben der Versicherung auf breitem Fuße wieder ein. Bund, Kantone und Gemeinden haben von 1919 bis Ende 1923 zirka 500 Millionen Franken an Arbeitslosenunterstützungen usw. aufgewendet.

Zu den zur Entlastung des Arbeitsmarktes, besser zur Beschaffung von Arbeit dienenden Maßnahmen der öffentlichen Organe gehörte auch die Durchführung der Elektrifikation der Hauptstränge der Schweizerischen Bundesbahnen (S.B.B.), die Arbeit für alle möglichen Gewerbe und Industrien schuf. Da war der Bau von Kraftwerken mit der Arbeit für Mineure, Zementer, Maurer, Zimmerleute, Handlanger usw., die maschinelle Einrichtung an Turbinen und Generatoren; der Bau der Übertragungsleitungen, der Unterwerke, der Fahrleitungen mit Zementsockeln, Eisenständer und Träger in Masse und die Lieferung der Isolatoren; da waren ferner die Lichtraumprofile zu erstellen, die Schwachstromanlagen einzurichten, und dazu kamen Arbeiten für und in Werkstätten und Depotanlagen, und endlich folgte die Beschaffung der elektrischen Lokomotiven und anderen Rollmaterials.

Die Ausgaben der S.B.B. hierfür betrugen:

	Millionen Fr.		Millionen Fr.
Auf Ende 1922	313,3	Auf Ende 1928	27,5
1923	52,3	1929	10,7
1924	57,5	1930	26,0
1925	69,6	1931	31,0
1926	73,0	1932	18,6
1927	60,3		

Von den Privatbahnen wurden ferner elektrifiziert: die direkte Linie Bern—Neuenburg von 1923 bis 1928 (43 km), die Sihltalbahn im Jahre 1924 (19 km), die Bodensee—Toggenburgbahn 1931 (56 km), die Solothurn—Münsterbahn 1932 (23 km) und die Emmentalbahn ebenfalls 1932 (43 km). Die Neuanschaffungen an elektrischen Triebfahrzeugen betrugen bei den S.B.B.:

Im Jahre	Mill. Fr.	Im Jahre	Mill. Fr.
1922	40	1928	54
1923	39	1929	14
1924	42	1930	30
1925	71	1931	52
1926	60	1932	29
1927	57		

In gleicher Weise wirkte der Bau von Linienunterführungen im ganzen Lande, des Rangierbahnhofes auf dem Muttenzer Felde bei Basel usw.

An Kraftwerkbauten fielen in die Zeit von 1923 bis 1931 folgende: Ryburg—Schwörstadt, Sernf—Niederenbach in Glarus, Wettingen bei Baden, Klingnau, Albbruck-Dogern und Grimsel. Endlich sind an großen Straßenbauten gerade seit etwa 1923 im ganzen Lande viele Leute beschäftigt worden.

In der Zeit von 1923 bis 1931 hat auch die Entwicklung des Verwaltungswesens in Bund, Kantonen und Gemeinden nicht halt gemacht. Die Erweiterung bestehender und die Schaffung neuer Institutionen setzten Menschen ins Brot, und da die Geldmittel vorhanden waren, haben nach Schluß der Nachkriegsdepression, etwa von 1924 an, die gesetzgebenden Behörden ihre Zustimmung weder zu Erweiterungen noch zu Neuerungen im ganzen versagt. Für das zu behandelnde Problem wäre eine zahlenmäßige Darstellung wünschenswert, und zwar wäre die beste eine Statistik des Personals der öffentlichen Verwaltungen und Betriebe und der Ausgaben des Bundes, der Kantone und der großen Gemeinden.

V. Der Gang und die Beschäftigung in den Hauptindustriezweigen von 1923 bis 1929

1. Gesamtüberblick

Da die Berufsstatistik der Volkszählung von 1930 noch aussteht, hat man sich an die beiden Fabrikstatistiken von 1923 und 1929 zu halten. Bei der Bearbeitung der Erhebung von 1929 hat das Eidgenössische Statistische Amt nicht nur die damals ermittelten Bestände an Betrieben, Arbeitern und PS gegliedert und mit jenen von 1923 verglichen, sondern auch versucht, die Bewegung zwischen beiden Beobachtungsjahren, d. h. das Dynamische, herauszuholen. Es hat m. a. W. zusammengefaßt, und zwar branchenweise und immer mit der Zahl der Arbeiter und der PS:

1. die Betriebe, die 1923 bestanden und 1929 noch vorhanden waren,
2. die 1923 vorhandenen, aber bis 1929 eingegangenen Betriebe,
3. die 1929 zum erstenmal gezählten, d. h. seit 1923 neu gegründeten Betriebe.

Diese in ihrer Art neue Betrachtungsweise gewährt neue und recht interessante Einblicke in die Bewegung der Betriebe, ihrer Arbeiter und der verwendeten PS. Sie erinnert an die von S. Schott als „Statistik der beharrenden Fälle" gepflegte Methode und an W. Schiffs „Methode der Individualstatistik von sozialen Veränderungen auf Grund von Bestandesaufnahmen". Im ganzen wird das in der Tabelle 5 wiedergegebene Bild festgestellt:

Tab. 5 Entwicklung der industriellen (Fabrik-) Betriebe 1923—1929

	Zahl	Arbeiter 1923	Arbeiter 1929	Arbeiter + oder —
1. Schon 1923 bestehende Betriebe . .	5606	285 085	333 270	+ 48 185
2. Seit 1923 neu gegründete Betriebe . .	2368	—	63 569	+ 63 569
Bestand 1929.	7974	—	396 839	+111 754
3. Seit 1923 eingegangene Betriebe . .	1742	41 608		— 41 608
Bestand 1923.	7348	326 693		
1929 Mehr.	625			70 146

Das sind Änderungen, die man nicht geahnt hatte, und es ist ein ewiges Gehen und Kommen, wie in der Bevölkerung. Wie ersichtlich, haben allein in den dem Fabrikgesetz unterstellten Betrieben 70 146 Arbeiter mehr beschäftigt werden können. Dieses **Mehr** verteilt sich auf folgende Industriezweige:

Baumwollindustrie	559	Metallindustrie	13 595
Wollindustrie	727	Maschinenindustrie	17 877
Leinenindustrie	50	Uhrenindustrie	14 872
Andere Textilindustrien	342	Erd- und Steinindustrie	2 467
Kleidung und ähnliches	4 185		78 278
Nahrungs- und Genußmittel	2 530		
Chemische Industrie	7 743		
Kraft-, Gas- und Wasserzentralen	493	A b n a h m e	
Papier-, Leder-, Kautschukindustrie	2 124	Seidenindustrie	— 2 345
Graphische Industrie	2 809	Stickereiindustrie	— 5 787
Holzbearbeitung	7 905		— 8 132

Die Textilindustrie ist bis heute z. T. notleidend geblieben. Was bedeutet die geringe Zunahme an Arbeitskräften in der Baumwoll-, Woll-, Leinenindustrie und einigen anderen Textilgewerben (+ 1678) gegenüber dem Rückgang der Arbeiterzahl in der Seidenbranche und Stickerei (— 8132)? Wie stark dagegen die Entwicklung der Metall-, Maschinen- und Uhrenindustrie (+ 46344!), der chemischen Industrie, der Holzbearbeitung und der übrigen Industriezweige!

In diesen „Fabrikbetrieben" hat aber auch die Zahl der durch die Fabrikstatistik nicht erfaßten Angestellten und Beamten, der Kaufleute, Techniker, Chemiker, Ingenieure usw., eine Zunahme erfahren. Ihre Stärke wird erst die Berufsstatistik von 1930 erkennen lassen. Ferner haben — es ist nicht anders möglich — viele der dem Fabrikgesetz nicht unterstellten Betriebe im Gewerbe, dann Betriebe des Handels, des Verkehrs, der Verwaltung und der liberalen Berufsarten ihr Personal seit 1923 vermehrt. Es ist klar, sobald die Exportindustrien in Vollbetrieb stehen, fällt auch für die sogenannten Inlandsgewerbe, den Handel, den Verkehr usw., vieles ab. Aber eben all das, die Vermehrung der Erwerbstätigen im allgemeinen und im einzelnen usw., wird uns erst die Berufsstatistik der Volkszählung von 1930 vermitteln.

Insgesamt: von 1923 bis 1929 eine sehr starke Beschäftigung einer Anzahl von Exportindustrien, die etwa um 50000 Arbeiter im Laufe von sechs Jahren mehr brauchen konnten, und eine starke Verwendung neuer Arbeitskräfte in vielen der für das Inland arbeitenden Industrien und Gewerben, etwa um die 20000.

Endlich ist hier auf die fortschreitende Mechanisierung der Betriebe hinzuweisen, wie sie in folgenden Zahlen zum Ausdruck kommt. Verwendete PS in den Fabrikbetrieben:

1923 . . . . 487 340
1929 . . . . 652 300 somit + 164 960 PS, das sind rund 34%.

In allen Industrie- und Gewerbebetrieben
1905: 331 000 PS
1929: 893 000 „

In Anbetracht von Verlusten in einzelnen Industriezweigen tritt das Mehr in anderen um so stärker hervor. Die Zunahme beträgt allein in der

Maschinenindustrie	48 205	PS
Metallindustrie	17 814	„
Holzindustrie	14 656	„
Industrie der Steine und Erden	19 025	„
Zentralanlagen für Gas und Elektrizität	36 895	„

usw., und all das in der Zeit von 1923 bis 1929.

Das Plus an PS wurde verzeichnet in Betrieben, die

1923 und 1929 vorhanden waren mit	141 125	
seit 1923 gegründet worden sind mit	86 803	227 928
Das Minus in Betrieben, die seit 1923 eingegangen sind . . .		− 62 968
	Zunahme	164 960

Es ist nicht festzustellen, wie diese Mechanisierung auf den Bedarf an menschlicher Arbeitskraft eingewirkt hat. In der Beobachtungsperiode ist die Zahl der Arbeiter, wie die Fabrikstatistik zeigt, gestiegen. Wäre sie ohne die Mechanisierung stärker gewachsen? Inwiefern ist eine eigentliche Rationalisierung in den Betrieben gleichzeitig eingetreten? (Die Mechanisierung schließt m. E. schon einen rationeller geführten Produktionsprozeß ein[19].) Jedenfalls geht in den meisten Industriezweigen die Abnahme der PS mit einer Abnahme der menschlichen Arbeitskräfte parallel. Gewiß ist ferner, daß diese fortschreitende Verwendung mechanischer Kraft — es ist meist elektrische Energie — einer großen Zahl von Arbeitern Beschäftigung verschafft hat. Man denke sich nur den ganzen Weg durch von der Gewinnung der Kraft bis zu ihrer Verwendung an der letzten Arbeitsmaschine. Die Ersetzung der Transmissionswellen durch den Einzelantrieb hat Tausende von Motoren erfordert. Luftreinigungsanlagen, Staubsaugevorrichtungen sind eingerichtet worden. Unternehmungen mit guter Rentabilität halten ihre Lokale, Maschinen und Apparate in bester Ordnung, erneuern und ersetzen und beschäftigen dadurch andere Betriebe, und eine Zeit guter Konjunktur waren für viele schweizerische Unternehmungen die Jahre 1927 bis 1929.

In welchem Maße die einzelnen Industrien von 1923 bis 1929 ihren Arbeiterbestand vermehrt oder verringert haben, läßt Tabelle 6 erkennen. Sie enthält die Details zu den Zahlen in Tabelle 5.

---

[19] Vgl. hierzu „Rationalisierung ist nicht Mechanisierung" in den Mitteilungen des Internationalen Rationalisierungs-Instituts, Genf 1932, Nr. 7.

Tab. 6 **Die wichtigsten Industriezweige der Schweiz**
Fabrikstatistik 1929

Wichtigste Industriezweige	Schon 1923 bestehende Betriebe			
	Betriebe	Arbeiter 1923	Arbeiter 1929	Arbeiter + und —
Baumwollindustrie	282	30 370	29 571	— 799
Seidenindustrie	151	24 542	24 209	— 333
Wollindustrie	57	6 860	7 177	+ 317
Leinenindustrie	18	1 267	1 440	+ 173
Stickerei	391	7 450	6 086	— 1 364
Übrige Textilindustrie	86	4 310	4 383	+ 73
Kleidung u. Putz, Lederindustrie	587	30 316	31 708	+ 1 392
Nahrungs- und Genußmittel	449	20 572	23 597	+ 3 025
Chemische Industrie	94	6 932	8 821	+ 1 889
Kunstseidenindustrie	4	2 135	2 478	+ 343
Zentralanlagen für Kraft-, Gas- und Wasserlieferung	253	3 934	4 310	+ 376
Herstellung von Papier, Leder und Kautschuk	220	10 868	12 285	+ 1 417
Graphische Industrie	430	10 214	13 026	+ 2 812
Holzbearbeitung	795	15 976	19 889	+ 3 913
Metallindustrie	399	20 498	28 263	+ 7 765
Maschinenindustrie	468	49 752	66 038	+ 16 286
Uhrenindustrie	688	28 578	37 714	+ 9 136
Steine und Erden	234	10 511	12 275	+ 1 764
	5 606	285 085	333 270	+ 48 185

Wichtigste Industriezweige	Erloschene Betriebe seit 1923		Neugegründete Betriebe seit 1923		Insgesamt 1923—1929 Arbeiter + und —
	Betriebe	Arbeiter	Betriebe	Arbeiter	
Baumwollindustrie	66	3 964	91	5 322	+ 559
Seidenindustrie	41	2 920	21	908	— 2 345
Wollindustrie	8	187	20	597	+ 727
Leinenindustrie	4	181	2	58	+ 50
Stickerei	301	5 877	115	1 454	— 5 787
Übrige Textilindustrie	32	575	33	844	+ 342
Kleidung u. Putz, Lederindustrie	204	4 155	293	6 948	+ 4 185
Nahrungs- und Genußmittel	107	1 778	75	1 283	+ 2 530
Chemische Industrie	27	808	36	1 622	+ 2 703
Kunstseidenindustrie	—	—	5	4 697	+ 5 040
Zentralanlagen für Kraft-, Gas- und Wasserlieferung	30	149	39	266	+ 493
Herstellung von Papier, Leder und Kautschuk	48	746	77	1 453	+ 2 124
Graphische Industrie	48	659	55	656	+ 2 809
Holzbearbeitung	185	2 339	414	6 331	+ 7 905
Metallindustrie	166	3 984	255	9 814	+ 13 595
Maschinenindustrie	209	8 189	347	9 780	+ 17 877
Uhrenindustrie	234	4 363	424	10 099	+ 14 872
Steine und Erden	32	734	66	1 437	+ 2 467
	1 742	41 608	2 368	63 569	+ 70 146

Schriften 185 IV

2. Die Textilindustrie

Diese Industrie war zum Teil seit Jahrhunderten die Exportindustrie der Schweiz, und zwar mit Seidenbändern, Seidenstoffen, Schappegarnen, Baumwollgarnen und -geweben, Stickereien, Rohkammgarnen und Wollgeweben, weiter mit Wirk- und Strickwaren. Dazu kamen in neuerer Zeit Kunstseidenfabrikate. Neben diesen Zweigen sind noch vertreten: Leinenindustrie, Posamenterie, Strohflechterei usw. Der Seiden- und Baumwollindustrie dient eine im Laufe der letzten Jahrzehnte stark gewordene Ausrüstungsindustrie: Färberei, Druckerei, Bleicherei, Sengerei usw. Im einzelnen läßt sich für die Zweige der Textilindustrie folgendes feststellen:

Tab. 7 **Zahl der Arbeiter in der Textilindustrie**

Einzelne Zweige	1901	1911	1923	1929	1923 bis 1929 Arbeiter + −
1. Baumwollindustrie ..	32 300	29 500	34 600	35 300	+ 700
2. Kunstseidenindustrie .	400	500	2 100	6 800	+4 700
3. Schappespinnerei ...	5 300	4 700	4 700	4 800	+ 100
4. Winderei u. Zwirnerei, Näh- und Stickseide..	3 100	3 000	1 500	1 300	− 200
5. Seidenstoffweberei ..	15 000	15 000	12 000	11 800	− 200
6. Seidenbandweberei ..	6 200	5 100	5 000	2 500	−2 500
7. Insgesamt 3—6 mit Seidenbeuteltuchweberei .	30 000	27 900	23 600	20 500	−3 100
8. Färberei, Druckerei, Appretur	3 600	3 600	4 000	4 800	+ 800
Hierzu die Heimarbeiter .	19 500	.	.	4 900	

Eine seit Jahrzehnten sich vollziehende rückläufige Bewegung, die nicht nur Fabrik-, sondern auch Heimarbeiter trifft und mit ihnen Beamte, Techniker und Angestellte, eine Bewegung, die insbesondere die ehemals blühende Seidenband- und Stoffweberei am stärksten erfaßt hat und lokal sich am stärksten im Zentrum der Bandindustrie, in Basel, Basel-Land und Umgebung, und im Zentrum der Seidenstoffweberei, im Kanton Zürich (See und Umgebung), auswirkt.

In der Bandindustrie gehen alte Unternehmungen ein, und Scharen von Arbeitern und Angestellten werden arbeitslos und belasten die Arbeitslosenversicherungskassen ganz besonders stark. Die schon im Jahre 1923 bestehenden 24 Betriebe der Seidenbandindustrie zählten 1929 1136 Arbeiter weniger; 16 Betriebe mit 1372 Arbeitern sind zwischen 1923 und 1929 verschwunden; Neugründungen sind nicht erfolgt. Dieser Rückgang sei auch für den Export belegt. Die Ausfuhr an Seidenbändern betrug:

Jahr	q	Millionen Franken	Jahr	q	Millionen Franken
1912	6 719	41,5	1925	4 893	40,4
1914	7 302	47,5	1926	4 663	24,6
1916	10 603	73,1	1927	3 936[20]	23,0
1917	6 557	54,8	1928	3 727	19,8
1920	7 341	135,1	1929	3 598	18,2
1921	4 888	59,9	1930	2 926	14,2
1922	5 748	69,9	1931	2 250	11,3
1923	4 804	52,2	1932	1 850	7,0
1924	5 166	50,9			

In den Kantonen Basel-Land, Solothurn und Aargau, wo das Band durch Heimarbeiter auf den Webstühlen der Fabrikanten gewoben wird, haben die Fabrikanten eine große Zahl von Webstühlen zusammenschlagen lassen.

Auf dem Basler Arbeitsmarkt zeigen sich die Folgen dieser rückläufigen Bewegung in der Bandweberei in einer durch alle Jahre bis 1931 anhaltenden Zahl vor allem weiblicher arbeitsloser Bandarbeiterinnen. Mit der Einführung der obligatorischen Arbeitslosenversicherung im Jahre 1926 in Basel war auch die Gewähr für ziemlich vollständige Meldung dieser Entlassenen oder auch der Teilarbeitslosen beim Arbeitsamt gegeben; denn wer es irgendwie kann, geht stempeln und bezieht sein Taggeld. Die Zahl der gemeldeten Frauen erreichte andauernd seit 1921 etwa 300 bis 600. Sie weist auf eine langwellige Arbeitslosigkeit hin; denn sie ist weder saisonal noch mittelwellig bedingt, sondern die Folge des langandauernden Niedergangs einer ehemals prachtvollen Exportindustrie; würden wir dazu die arbeitslosen Heimarbeiter in Basel-Land, Solothurn und im Aargau miteinbeziehen, so gelangten wir zu wesentlich höheren Zahlen.

Die Masse der arbeitslosen Bandarbeiter ändert sich nach Zahl und Bestand, wie übrigens ganz natürlich. Wer zu lange unbeschäftigt bleibt, wird mangels regelmäßiger Erwerbstätigkeit von der Versicherung ausgeschlossen. Das Taggeld wird während zwei bis drei Jahren ausbezahlt; dann aber setzt die Kontrolle schärfer ein, und wer nicht jährlich ein gewisses Minimum von Arbeit gefunden, verliert den Anspruch auf die Kasse. Ältere Arbeiterinnen vermögen sich meist nicht mehr umzustellen; die paar Tage, da sie vielleicht putzen und waschen gehen können, begründen keine regelmäßige Erwerbstätigkeit mehr. Das Ende ist die Zuflucht bei der Armenpflege. So wächst trotz fortwährenden Rückgangs der Bandindustrie die Zahl der arbeitslosen Bandarbeiter kaum; sie bleibt einstweilen stabil und wird im Laufe der Jahre auf ein Minimum herabgleiten. Andere sterben, wieder andere gehen aufs Land, und dergestalt

---

[20] Von 1927 an Reinnettogewicht.

geben die Zahlen der Arbeitslosen auf die Dauer nie ein Bild des wirklichen Bestandes der Arbeiter einer notleidenden Industrie.

Anders als die Seidenbandindustrie eine andere spezifisch schweizerische Exportindustrie der Textilbranche: die Schappespinnerei — heimisch in Basel, mit weiteren Fabriken in Basel-Land, Bern und in der Innerschweiz. Es ist die Spinnerei von Seidenabfällen, die meist in der Form der Peignées (Kämmlinge) aus eigenen Betrieben in Frankreich und Italien bezogen werden. Die Exporte betrugen:

Jahr	q	Mill. Fr.	Jahr	q	Mill. Fr.
1912	14 687	32,9	1925	15 920	59,3
1914	10 971	26,7	1926	13 157	44,0
1916	21 762	79,8	1927	13 707	39,5
1917	16 099	65,9	1928	15 114	45,0
1918	12 224	44,2	1929	12 324	38,9
1920	13 206	69,9	1930	8 598	23,0
1922	11 487	44,9	1931	8 287	17,0
1923	14 383	60,7	1932	3 993	6,9
1924	14 909	59,4			

Der Export und damit die Beschäftigung waren bis 1928 gut; 1929 setzte ein kleiner Rückgang ein, dann ein eigentlicher Rückschlag. Keine Arbeitslosigkeit bis 1929, dann aber in sehr fühlbarem Maße. Die noch im Jahre 1929 von der Fabrikstatistik verzeichneten 4078 Arbeiter der Schappespinnerei sind heute an Zahl mächtig dezimiert; vom Rest arbeiten viele nur noch zeitweise.

Die Kunstseidenindustrie. Die Arbeiterzahlen steigen nach den Fabrikstatistiken von 74 im Jahre 1895 (die Anfänge) auf 402 im Jahre 1901 und dann so weiter bis 1929 mit 6844. Diese Industrie, die überwiegend weibliches Personal beschäftigt, hat somit immer und immer wieder neue Leute beschäftigen können, d. h. arbeitslose Arbeiterinnen (in der Ostschweiz solche der Stickereiindustrie) und neu in das erwerbsfähige Alter tretende. Seit 1923 waren das allein etwa 2700 Arbeiter.

Die Hilfsindustrien der Textilindustrie (Färberei, Druckerei, Appretur, Bleicherei, Sengerei usw.) haben beschäftigt im Jahre

in der	1911	1923	1929
Baumwolldruckerei, -färberei, Sengerei usw.	4 167	5 506	6 814
Seidenfärberei, Druckerei, Appretur	3 611	4 012	4 753
Wollfärberei, Appretur, Bleicherei	234	408	645
	8 012	9 926	12 212
	mehr 1914	2 286	

Während nun die Ätzerei, Sengerei, Bleicherei und Appretur in der Stickerei allein von 1923 bis 1929 rund 2000 Personen verloren, hat das Hilfs- und Ausrüstgewerbe der Baumwollindustrie, Seiden- und Wollindustrie 2300 Personen mehr beschäftigt. Neue Möglichkeiten im Druck- und Appreturverfahren und der Stoffveredelungsindustrie im allgemeinen haben Arbeit geschaffen. Zur Zeit (1931/32) haben aber auch diese Industrien einen Teil ihres Absatzkreises eingebüßt.

Die Seidenstoffweberei, mit Zürich als Zentrum der Betriebsorganisation, weist folgende Exporte auf:

Jahr	q	Millionen Franken	Jahr	q	Millionen Franken
1912	21 095	110,6	1924	23 357	202,2
1914	21 550	110,1	1925	22 264	209,2
1916	24 276	159,6	1926	22.501	187.3
1917	15 747	134,0	1927	26 216	201,7
1918	8 374	101,7	1928	26 002	187,9
1919	29 031	415,5	1929	23 131	162,2
1920	22 905	387,3	1930	21 698	135,0
1921	15 377	171,1	1931	17 666	88,7
1922	16 949	173,6	1932	7 978	28,0
1923	19 315	189,4			

Die Umstellung vom Heimarbeiterbetrieb auf den Fabrikbetrieb und damit vom Handwebstuhl zum mechanischen Webstuhl war hier schon lange erfolgt. Um 1923 waren die Stoffwebereien nur zu 70% ihrer Kapazität beschäftigt. Von zirka 14600 mechanischen Webstühlen waren 1923 etwa 11000, im Frühjahr 1924 etwa 12500 ganz oder teilweise in Betrieb. Die folgenden Jahre brachten dann eine Besserung, doch setzte 1929 wieder ein Rückgang ein. Von 72 im Jahre 1923 bestehenden Webereien wurden im Jahre 1929 67 Personen weniger beschäftigt: 9 Webereien mit 622 Personen waren zwischen 1923 und 1929 eingegangen, 7 mit 235 neu eröffnet worden. Das ergibt einen Gesamtverlust von zirka 450 Arbeitern; somit in Anbetracht des Alters der Arbeiter und ihrer Sterblichkeit eine gewisse Stabilität und ein viel günstigeres Bild als in der Seidenbandweberei und der Stickerei.

Die Wollindustrie hat von 1923 bis 1929 zirka 700 Arbeiter aufnehmen können, die Leinenindustrie etwa 50, und die übrigen Textilindustrien haben etwa 350 Personen mehr beschäftigt.

Die Stickereiindustrie. Auch diese Industrie gehört zu den alten Exportindustrien. Ihr Absatz geht seit 1921 andauernd zurück und wirkt sich auf ihr Zentrum St. Gallen und die weitere Umgebung (Kantone Thurgau und Appenzell) verheerend aus. Fabriken und Einzelsticker stecken ihr Metier in Massen auf. Es betrug:

nach der Fabrikstatistik von	Zahl der Arbeiter	Zahl der PS	nach der Volkszählung von	Zahl der Berufstätigen
1911	28 600	9 300	1910	72 261
1923	13 900	7 000	1920	72 120*
1929	7 900	3 300	* Spezielle Stickereistatistik	

Stickereien-Ausfuhr

Jahr	q	Millionen Fr.	Jahr	q	Millionen Fr.
1913	89 182	209,7	1927	32 803	126,3
1916	73 815	230,8	1928	31 734	109,7
1920	53 357	391,9	1929	24 443	88,2
1923	35 432	143,2	1930	17 350	65,1
1924	33 875	149,1	1931	13 721	49,2
1925	30 882	129,1	1932	8 359	22,6
1926	32 323	119,3			

Demzufolge hat nicht der Prozeß der Mechanisierung den Rückgang der Arbeiterzahl veranlaßt — die Zahl der motorischen Kräfte nimmt übrigens ab —, denn sie war schon früher von der Handstickmaschine über die Schifflimaschine zur Automatenstickmaschine wirksam erfolgt. Die Höchstzahl der Automaten war im Jahre 1919 erreicht. Der Rückgang des Exports setzte 1921 ein und wurde mit der wieder in Gang gesetzten Konkurrenz in Plauen und St. Quentin sowie mit den Valutaentwertungen in früher bedeutenden Absatzgebieten erklärt. Dazu tritt aber in stärkstem Maße die Änderung in der Mode.

Die Arbeitslosigkeit setzte im Oktober 1920 zum erstenmal stärker ein (2460 Personen), steigerte sich und erreichte im April 1921 9600 Personen, sank dann und erstreckte sich schließlich (1921 und 1922) noch auf etwa 4000 bis 5000 Personen. Im Laufe der folgenden Jahre sank die Zahl der arbeitslosen Stickereiarbeiter und ging selbst in der Zeit der herrschenden Krise anfänglich kaum viel über 1000 Personen. Da scheint nun ein Widerspruch vorzuliegen zwischen dem schlechten Gang dieser Industrie und der Zahl der Arbeitslosen. In Tat und Wahrheit liegen die Dinge aber folgendermaßen:

1. Ein Teil der Arbeitslosen stirbt nach und nach weg,
2. älter werdende, die keine Aussicht mehr auf Arbeit haben, ziehen sich aus der Stadt aufs Land zurück, gehen zu Kindern und Verwandten,
3. jüngere wechseln den Beruf,
4. der Zugang neuer Arbeitskräfte zur bedrohten Industrie ist sehr gering.

So schmilzt mit der Zeit eine ansehnliche Masse Unbeschäftigter zusammen. Wollte man diese Masse verfolgen, so müßte man jeden einzelnen erfassen und auch eine Arbeitslosenstatistik dementsprechend aufmachen.

Die Lust, beim einmal ausgeübten Berufe zu verharren, war übrigens vielen durch gewisse Maßnahmen, die der Bund unterstützt hatte, benommen worden. Bis Ende 1929 waren nämlich von 7959 Handstickmaschinen 4538 gegen Entschädigung an den Besitzer demoliert worden.

Von den im Jahre 1929 noch vorhandenen 3206 standen 1092 still, in zeitweisem Betrieb 1361, und nur 753 wurden ziemlich regelmäßig benützt. Bis Ende 1928 waren ferner 639 Schifflimaschinen zerstört worden. Von 2751 verbliebenen Maschinen standen zirka 1250 ganz oder teilweise still. Die Abbauaktion ist inzwischen weitergegangen, und parallel mit ihr wurden Maßnahmen getroffen zur Aufstellung von Richtpreisen und -löhnen u. a. m.

Nun darf nicht übersehen werden, daß die Bevölkerung an und für sich und mit ihr die Zahl der Erwerbenwollenden und -müssenden wächst, während der Bedarf der Stickereiindustrie an Arbeitskräften andauernd zurückgegangen ist. Von 592 Betrieben im Jahre 1923 bestanden im Jahre 1929 noch 391, und diese beschäftigten 1364 Personen weniger, 201 Betriebe mit 5877 Arbeitern waren eingegangen. Dagegen waren seltsamerweise von 1923 bis 1929 115 neue Betriebe mit 1454 Arbeitern aufgetan worden. Der Gesamtverlust an Stickereiarbeitern betrug dennoch innert dieser sechs Jahre rund 5800 Personen. Die Zahl der Arbeitslosen war aber viel kleiner, zum Teil aus den oben angeführten Gründen und dann, weil schon seit 1922 initiative Industrielle begannen, ihre Betriebe ganz oder teilweise umzustellen und nach anderen Arbeitsmöglichkeiten zu suchen, und weil die Behörden industriellen Neugründungen günstige Bedingungen schufen, 1927 eine Zentralstelle für Einführung neuer Industrien errichteten, der es gelungen ist, neue Unternehmungen heranzuziehen.

In welchem Maße und in welcher Verschiedenheit neue Industrien sich entwickelt haben, zeigt ein Vergleich der beiden Fabrikstatistiken von 1923 und 1929. In der Baumwollindustrie sind 24 neue Fabriken mit 1442 Arbeitern eröffnet worden, wovon 15 aus ehemaligen Stickereibetrieben hervorgegangen sind. Von 2 Kunstseidefabriken ist die eine die Umstellung eines großen Stickereietablissements. In den Räumen ehemaliger Schifflistickereien wurden 2 Seidenstoffwebereien untergebracht. Mit 3 Betrieben hat die Wollindustrie in ehemaligen Stickereien Fuß gefaßt (232 Arbeiter). Insgesamt weisen 11 verschiedene Erwerbszweige im Kanton St. Gallen einen Zuwachs von 86 Fabriken mit 8353 Arbeitern auf. Dergestalt haben Initiative und Wagemut den Niedergang im Stickereigebiet erfolgreich zu vermindern gesucht. Übrigens sind außer den sogenannten Fabriken auch nicht dem Fabrikgesetz unterstellte Betriebe gewerblicher Art, des Handels usw. neu gegründet worden oder haben bestehende ihr Personal vermehrt. Zahlenmäßige Belege werden erst die Ergebnisse der Volkszählung von 1930 bieten.

So zeigt sich an Stelle einer langweiligen Arbeitslosigkeit in dieser typischen Exportindustrie der Ostschweiz ein Rückgang der Arbeitslosen bis auf ein Minimum. Langwellig wäre diese Arbeitslosigkeit m. E. geworden, wenn man die Dinge ihren Lauf hätte nehmen lassen.

Eines haben allerdings diese Maßnahmen noch nicht vermocht: den Schwung in das ganze wirtschaftliche Getriebe des Stickereigebietes zu bringen, den es in Zeiten guter Stickereikonjunktur aufgewiesen hatte. Man hat Ersatz herzuholen verstanden, aber damit die alte Prosperität noch nicht hergestellt. Was neu gegründet wird, muß sich erst bewähren, Reserven sammeln, und die Gewinne sind doch wohl meist nicht mit denjenigen der Exportindustrien in guten Zeiten zu vergleichen. Der Rückgang wird ersetzt durch eine gewisse Stabilität. Diese Dinge haben übrigens auch das Baugewerbe zurückgedämmt; da dieses aber von 1924 an in anderen Teilen des Landes stark beschäftigt war, so hat wohl eine Verschiebung nichtunterstützungspflichtiger Angehöriger der baugewerblichen Berufe stattgefunden und die Ostschweiz entlastet. Der Wohnungsmarkt in St. Gallen hat sich anders gestaltet als z. B. in Zürich, Bern und Basel; er lag brach; die Wohnungsmieten sind infolgedessen in viel geringerem Maße gestiegen als in den genannten anderen Städten, und für die werktätige St. Galler Bevölkerung hat dies wirtschaftlich eine wesentliche Erleichterung bedeutet.

Endlich die Strickerei und Wirkerei, denen bekanntlich die Mode seit einigen Jahren zugetan ist und die demzufolge mehr und mehr Arbeiter und Arbeiterinnen beschäftigen können:

1923 . . . .   8 150 Arbeiter
1929 . . . . 10 987 Arbeiter, d. h. 2837 mehr,

wiewohl von 1923 bis 1929 26 Betriebe mit ehemals 707 Arbeitern eingegangen sind. Die Zahl der PS ist von 1847 auf 3229 gestiegen. Die Ausfuhr an Wirk- und Strickwaren ist seit 1924 gesunken. Sie betrug:

Jahr	q	Millionen Fr.	Jahr	q	Millionen Fr.
1923	10 164	42,8	1928	7995	33,1
1924	12 298	49,3	1929	7969	35,7
1925	10 562	40,5	1930	6248	26,2
1926	7 556	27,6	1931	4668	16,9
1927	8 345	30,9	1932	1946	6,5

Hier ergibt sich das Seltsame des Wachstums der Zahl der Beschäftigten und des Rückgangs des Exports. Da die Einfuhr mehr oder weniger stabil geblieben ist, hat der Inlandsmarkt, begünstigt durch die Mode und den Sport, offenbar mehr als den Exportausfall aufgenommen.

3. Die Bautätigkeit

Die Bautätigkeit hatte während des Krieges lahm gelegen. Zahlen liegen allerdings nur für 26 Städte vor, und bei ihrer Bewertung darf nicht übersehen werden, daß die einzelnen Bauobjekte von ganz verschiedener Art und Größe sind und die Erstellungskosten, die doch allein einen Maßstab für den Umfang der Bautätigkeit bilden, nicht bekannt sind; übrigens sind auch sie zu zeitlichen Vergleichen nicht geeignet, wenn die Baukosten sich wesentlich ändern — und das trifft ja für die letzten Jahre zu, da sie von der Rohstoffseite her ständige Senkungen erfahren haben. Einen gewissen Ersatz für die Statistik der Erstellungskosten würde die Statistik der Brandversicherung bieten. Seit 1926 erst haben wir einige Zahlen über die Bautätigkeit in Gemeinden mit über 2000 Einwohnern.

Tab. 8   **Neuerstellte Gebäude**

Jahr	Gebäude mit Wohnungen	Gebäude ohne Wohnungen	Davon Fabriken und Werkstätten	Garagen	Ställe, Scheunen	Büros, Banken, Warenhäuser
1926	4271	3175	337	960	776	?
1927	4180	3345	343	1104	748	55
1928	4815	3462	372	1345	729	45
1929	5013	3426	390	1216	780	46
1930	5105	3986	376	1524	869	33
1931	5697	4380	345	1497	997	69

Neuerstellte Wohnungen in 26 Städten

Jahre	Zahl	1910—1913 = 100
1920—1922	2163—2971	35,5—38,5
1923	3662	60,2
1924	5458	89,6
1925	5029	82,6
1926	5473	89,9
1927	6516	107,0
1928	7765	127,5
1929	8130	133,5
1930	8447	138,7
1931	10043	164,9

Was hier aufgeführt wird, erschöpft noch lange nicht die gesamte Tätigkeit des Baugewerbes. Denn zur Erstellung von Neubauten treten alle die Umbauten, Ergänzungen, Reparaturen, das Instandhalten der Gebäude und Wohnungen innen und außen. Zahlenmäßig ist darüber nichts erhältlich, aber die hierfür ausgegebenen Summen, in denen vorzugsweise Löhne stecken, erreichen ungeahnte Höhen.

Die neuen Wohnungen werden seit etwa zehn Jahren besser ausgebaut als früher. Der Boiler und der elektrische Kochherd haben sehr starke

Verbreitung gefunden. Elektrische Apparate aller Art, Staubsauger, Eiskästen, Föhnapparate usw. werden mehr und mehr gebraucht, und es ist vor allem die Elektroindustrie, die seit etwa 1922/1923 stärker in den Dienst der Bautätigkeit und des Haushalts gestellt worden ist, und zwar die schweizerische, nicht die ausländische; daher auch die Zunahme der Zahl ihrer Arbeiter um 3718 von 1923 bis 1929, d. h. um mehr als 50%, und die Steigerung der PS von 5192 auf 10596, somit um 5404, das sind mehr als 100%.

Eine mit der Bautätigkeit eng verbundene Industrie hat, und zwar infolge steter Rationalisierung, trotz stärkerer Beschäftigung und zunehmender Produktionskapazität an Arbeitern verloren: die Zement-, Kalk- und Gipsindustrie. Es betrug die Zahl ihrer

Im Jahre	Arbeiter	PS
1923	2697	23 581
1929	2462	32 989

Die Zementwarenfabrikation hat die Zahl ihrer Arbeiter von 1923 bis 1929 von 1819 auf 2882 gebracht.

In der Ziegel- und Backsteinindustrie haben 1044 Arbeiter mehr Beschäftigung gefunden, wiewohl auch sie stark mechanisiert und rationalisiert worden ist: 1923: 9856 PS, 1929: 16091 PS.

Auch die Töpferei und die Porzellanindustrie (ein einziger Betrieb in der Schweiz) wie auch die Glashütten haben ihren Arbeiterbestand vergrößern können: 1923: 1559 Arbeiter, 1929: 2115 Arbeiter; 1923: 938 PS, 1929: 1631 PS, somit trotz stärkerer Verwendung von Motoren keine Verminderung der Arbeiterzahl.

4. Die chemische Industrie

Die chemische Industrie weist ein sehr starkes Wachstum der Zahl ihrer Arbeiter auf. Im folgenden werden die Zweige: Teerfarben, Heilmittel, Salze, Säuren, Düngemittel, elektrochemische Produkte, Seifen und Kerzen zusammengefaßt. Die Betriebe dieser Zweige beschäftigten:

1923 . . . 7 740 Arbeiter
1929 . . . 10 443 Arbeiter, d. h. 2703 mehr,

und zwar	Jahre		+ oder —
	1923	1929	
in Betrieben von 1923—1929	6932	8821	+ 1889
in seit 1923 eingegangenen Betrieben			— 808
in seit 1923 neu unterstellten Betrieben			+ 1622
Zunahme Arbeiter			+ 2703

Einiges über die Gründe des Aufschwungs seit 1924. Sowohl in der chemischen Großindustrie (in der Elektrochemie und Elektrometallurgie, in der Anilinfarbenfabrikation und der chemisch-pharmazeutischen Industrie) wie in kleinen Betrieben stößt man Jahr für Jahr auf eine Erweiterung der Produktion nach Menge und Art der Produkte und auf das Bestreben, sich vom Auslande unabhängig zu machen. Zur Deckung des Landesbedarfs an Salpetersäure, der bis 1926 gänzlich von auswärts bezogen werden mußte, erstellte das Elektrizitätswerk Lonza in Visp 1926/1927 eine Anlage zur Erzeugung von Salpetersäure und Nitraten aus dem dort synthetisch gewonnenen Ammoniak. Die Aufnahme der Fabrikation synthetischen Ammoniaks deckt um ein Mehrfaches den schweizerischen Bedarf an Ammoniak und Ammonsulfat.

Die Aluminiumindustrie vermehrte 1926 dank günstigen Wasserkraftbedingungen ihre Produktion und nützte damit die Produktionsfähigkeit völlig aus. Ihre Ausfuhr betrug:

Jahr	q	Mill. Franken	Jahr	q	Mill. Franken
1922	91 700	23,5	1929	197 200	55,7
1923	173 900	51,8	1930	150 400	43,5
1926	187 100	55,0	1931	127 900	32,2
1928	209 600	60,3	1932	48 900	14,3

Ausfuhr an Ferrosilizium:

Jahr	q	Mill. Franken	Jahr	q	Mill. Franken
1923	47 200	1,8	1930	45 900	2,6
1926	59 400	3,1	1931	40 100	2,1
1928	58 000	3,4	1932	14 300	0,6
1929	64 800	3,8			

Karbid wurde zu Azeton und Essigäther verarbeitet. Natriumchlorat wird mehr und mehr zur Unkrautvertilgung verwendet, ebenso flüssiges Kalziumchlorat. Im St. Gallischen wurde 1926 die Herstellung von Natriumperborat aufgenommen und damit der schweizerische Bedarf gedeckt. Die Aufnahme der Fabrikation von Natriumsuperoxyd machte die Einfuhr von Peroxyd unnötig. In Bex werden Kupfersulfat und Kupferplatten auf elektrolytischem Wege hergestellt.

Den Anilinfarbenfabriken gelang es, neben den bestehenden Absatzgebieten sich neue zu erschließen und in technischer Hinsicht fortwährend auf qualitative Verbesserung hinzuarbeiten und die Fabrikationstechnik zu verbessern. Die Ausfuhr an Anilinfarben betrug:

Jahr	q	Mill. Franken	Jahr	q	Mill. Franken
1925	49 400	52,1	1930	67 450	67,0
1927	75 600	71,5	1931	69 300	67,5
1928	76 500	73,7	1932	57 900	55,4
1929	81 100	79,2			

In Monthey wurden nach neuen Verfahren seit 1927 Blausäure, Zyanide, Ferrozyanide und Berlinerblau erzeugt. Der Konsum an Teerfarben stieg übrigens infolge der besseren Marktverhältnisse in der Textilindustrie. Allgemein arbeiten die ausländischen Vertreter der schweizerischen Teerfarbenfabriken vorzüglich, und die Fabriken selbst suchen allen Wünschen ihrer Abnehmer insbesondere in fachtechnischer Hinsicht möglichst weit entgegenzukommen. Somit haben nicht nur der bessere Gang der Textilindustrie, sondern auch die technische und kaufmännische Organisation der Betriebe das Wachstum des ganzen Industriezweiges und damit die Beschäftigung von mehr Arbeitern gefördert. Erst das Jahr 1930 hat infolge der allgemeinen Krise eine zum Teil erhebliche Verminderung des guten Ganges der chemischen Industrie bewirkt.

5. Die Maschinen- und die Metallindustrie

Die Maschinen- und die Metallindustrie haben sich seit 1882 ununterbrochen entwickelt und stehen nun hinsichtlich der beschäftigten Personen an der Spitze aller Exportindustrien. Sie haben von 1923 bis 1929 eine sehr erhebliche Menge neuer Arbeitskräfte gebraucht und dadurch den Arbeitsmarkt fühlbar entlastet.

Tab. 9   Zahl der Arbeiter in der Maschinen- und der Metallindustrie

Industriezweig	Mehr Arbeiter der 1923 vorhandenen und 1929 noch bestehenden Betriebe	Verlust an Arbeitern in zwischen 1923 und 1929 eingegangenen Betrieben	Arbeiter in seit 1923 neu gegründeten Betrieben	Total mehr Arbeiter 1923—1929
Metallindustrie. . . .	7 765	3 984	9 814	13 595
Maschinenindustrie .	16 286	8 189	9 780	17 877
Zusammen	24 051	12 173	19 594	31 472

Immer wieder das zahlenmäßig so interessante Bild, wie es bisher in keiner Betriebsstatistik geboten worden ist: eingehende Betriebe und Neugründungen und dann die ungemein starke Entwicklung dieser beiden Industriezweige von 1923 bis 1929 mit einer verstärkten Personalkapazität von 31 472. Die Exportmengen betrugen für Maschinen:

Jahr	1000 q	Mill. Fr.	Jahr	1000 q	Mill. Fr.
1912	553,0	93,0	1925	602,2	185,8
1914	426,3	76,0	1926	589,5	166,7
1916	719,1	157,9	1927	613,6	183,1
1918	403,5	149,3	1928	768,6	233,8
1920	676,8	283,0	1929	773,7	242,3
1921	502,7	233,5	1930	721,7	225,0
1922	412,8	167,3	1931	465,4	151,7
1923	445,0	151,3	1932	272,0	87,9
1924	523,1	166,0			

Das Ansteigen der Exportmenge an Maschinen von 1924 bis 1930 ist frappant; die Jahre 1928 bis 1930 weisen die quantitativ besten Exporte auf.

Die Ausfuhr von Fahrzeugen geht mengen- und wertmäßig seit 1921 zurück, diejenige von Kupferwaren übersteigt in der Menge die Exporte von 1912/1913. Der Aluminiumexport erfolgt von 1923 an in gewaltig wachsenden Mengen: 1921/1922 89000 q, von 1923 an 121500 und schließlich 1927 184000 q. Ähnlich bei Instrumenten und Apparaten (1921 22000 q, 1930 62300 q). Man mag in den handelsstatistischen Übersichten blicken, wohin man will, stets stößt man auf seit 1923 ansteigende Exportzahlen der Maschinen- und der Metallindustrie.

Dabei deckt sich der Export nicht mit der Produktion. Diese ist größer; denn ein ansehnlicher Teil von ihr ist für den Inlandsverbrauch bestimmt. Als Gründe für das Ansteigen des Beschäftigungsgrades in der Maschinen- und Metallindustrie mögen hier einige genannt werden:

1. Zunahme der Bautätigkeit — Wohnhäuser, Geschäftshäuser und Fabriken — und damit der Bedarf an Kranen, Winden, Aufzügen, Zentralheizungen, Kanalisations- und Wasserleitungen, an Eisenbauten (Skelettbau), Baubeschlägen usw.
2. Starke Beschäftigung der ganzen elektrotechnischen Branche, herrührend von den Aufträgen aus der Elektrifikation der Bahnen, aus der Erweiterung des Telephonnetzes, aus dem Bedarf an Messern, Zählern, Boilern, elektrischen Apparaten usw. Dazu kam der Bau von Kraftmaschinen (Wasser- und Dampfturbinen) für neue Kraftwerke.
3. Der gute Gang der chemischen Industrie trug dem Kessel- und Apparatebau viele Aufträge ein.
4. Die Fabrikation von Dieselmotoren in anerkannter Qualität — kompressorlose Motoren — trug erhebliche Aufträge aus dem Inlande und aus dem Auslande ein.
5. Textilmaschinen fanden im Inlande und Auslande guten Absatz — gute Konjunktur der Textilindustrie in Deutschland.
6. Die deutschen industriellen Konzentrationsbestrebungen hoben den schweizerischen Stahl- und Automobilguß.
7. Die Ausdehnung des Automobilverkehrs brachte eine große Erweiterung der Benzintankstellen und damit den Bedarf von Tausenden von Behältern.
8. Die gute Beschäftigung der Holzindustrie brachte den Fabriken für Holzbearbeitungsmaschinen ansehnliche Aufträge.

9. Die Kunstseidenindustrie weckte den Bedarf an neuen Spinnerei- und Zwirnereimaschinen. Auch hierin hat die Hochkonjunktur der deutschen Textilindustrie (1927 z. B.) großen Bedarf erzeugt.
10. Der Automobilbau wurde durch die Postverwaltung (Alpenpost!) und Straßenbahnen (Autobusse!) beschäftigt usw.

Sobald Deutschlands Industrie stärkeren Absatz im Inland hatte, besserten sich die Konkurrenzverhältnisse für die schweizerischen Fabriken, und wenn die Lieferzeiten kurz bemessen waren, konnten sie verhältnismäßig leicht der ausländischen Konkurrenz begegnen.

Was hier angeführt worden, ist bei weitem nicht vollständig, sondern soll lediglich die so außerordentlich starken Verknüpfungen der Maschinen- und Metallindustrie mit den übrigen Industriezweigen des Inlands und mit der Weltwirtschaft andeuten.

6. Die Uhrenindustrie

Eine der hinsichtlich ihrer ganzen Geschichte und Entwicklung interessantesten Industrien der Schweiz, eine berühmte Exportindustrie, die vom Verlagssystem infolge der Bedrohung durch amerikanische Konkurrenz zum Fabrikbetrieb übergegangen war, mit hochentwickelter Spezialisierung (Rohwerke-, Zeiger-, Schalenfabriken usw.), mit oft ebenso glänzender wie wieder schlechter Konjunktur, lokalisiert im Jura, von Genf bis Schaffhausen. Die Krise und der Konjunkturniedergang von 1920 bis 1923 hatten die Uhrenindustrie schwer heimgesucht, nachdem sie in der Kriegszeit mit Uhren und Munitionsbestandteilen glänzend verdient hatte. Zu Beginn 1923 zählte man noch gegen 6000 vollarbeitslose Uhrenarbeiter, dazu Tausende von Teilarbeitslosen. In überraschend kurzer Zeit ist die Arbeitslosigkeit verschwunden. Ende 1923 noch 1400 Vollarbeitslose, Ende 1924 noch 300 und dann noch einige 100 bis 300! Im Vergleich zur Gesamtzahl von 33 500 Uhrenfabrikarbeitern im Jahre 1923 gab es somit vom März 1924 bis gegen Ende 1929 keine Arbeitslosen mehr. Dagegen im Dezember 1929 schon wieder 1100, und seither eine Arbeitslosigkeit, die in den einzelnen Fabrikationszentren und -kantonen verheerend wirkt:

1930 im Januar	 1500	1931 im Januar	 4700
im Dezember	... 3200	im Dezember	... 9000 Arbeitslose

Mit finanzieller Hilfe des Bundes von 1921 bis 1923 hat sich die Uhrenindustrie einen gewissen Export nach valutaschwachen Gebieten gesichert, und diese Hilfe bewirkte eine „entschiedene Wendung zum Besseren"[21]. Weitere Erleichterungen brachten neue Handelsverträge mit

---

[21] Vgl. Tr. Geering, Handel und Industrie der Schweiz unter dem Einfluß des Weltkriegs, Basel 1928, S. 543 ff.

Spanien und Italien, schlimme Erwartungen aber der neue Zolltarif der U.S.A. In der Folge litt die Uhrenindustrie unter Einfuhrbeschränkungen Deutschlands (seit 1922), Kontingentierungen Frankreichs und unter der Konkurrenz der eigenen, in Frankreich und Deutschland errichteten Filialfabriken und unter der steigenden Ausfuhr von Uhrenbestandteilen, später unter der systematischen Untergrabung des Exports nach Japan. Und doch stieg die Ausfuhr bis 1929, allerdings nicht mehr zu den früheren guten Preisen, und immer blieben dieselben Länder als Absatzgebiete in gelegentlich wechselndem Range an der Spitze. Ausfuhr in Millionen Franken:

Jahr	U.S.A.	England	Deutschland	Japan	Italien	Frankreich	China
1923	51,2	24,5	4,3	17,8	12,3	13,3	10,2
1924	52,6	41,2	18,2	29,9	10,0	13,0	13,4
1925	48,1	67,6	37,7	17,1	18,9	13,6	8,4
1926	58,2	20,2	18,7	20,9	11,1	14,1	10,2
1927	60,3	25,5	36,5	18,2	12,8	9,7	7,0
1928	47,7	28,8	39,0	19,6	18,1	15,7	11,2
1929	64,9	27,8	33,9	16,0	18,5	18,1	8,0
1930	30,7	34,6	25,4	9,2	15,9	16,3	5,7
1931	13,2	27,9	12,5	14,2	9,7	12,0	6,1
1932	6,9	14,6	7,3	3,0	7,8	8,5	2,9

Erst wenn man den Export nach den letzten Absatzgebieten und nach Menge, Art und Qualität verfolgt, wird man deutlich eines Teils der Gründe gewahr, die zu dessen Steigen beigetragen haben. Gelegentlich erkennt man einzelne zollpolitische Maßnahmen, so 1925 die Folgen der „großen englischen Zollkonvulsion" mit einer starken Absatzsteigung oder den Rückgang in Japan. Allgemein spricht aus den von 1923 bis 1929 wachsenden Zahlen doch wohl nichts anderes als eine trotz aller Arbeitslosigkeit und Not immer noch vorhandene Kaufkraft breiter Massen in den Absatzländern, die, wenn sie auch nicht auf eine Gold- oder Silberuhr ausgeht, so doch auf eine Uhr aus unedlem Metall. Es muß schlecht stehen mit der Wirtschaft, bis Hunderttausende von jungen Leuten nicht ihre Konfirmationsuhr, Heiratende nicht ihre bessere Uhr geschenkt bekommen können. Solche schlechten Zeiten haben wir heute. Außerdem wird die schweizerische Uhrenindustrie von der ausländischen Konkurrenz bedrückt, der schweizerische Fabriken die Bestandteile liefern. Die Fabrikstatistiken von 1923 und 1929 zeigen folgendes:

Arbeiter	1923	1929	+ —
In 688 Betrieben von 1923—1929	28 578	37 714	+ 9 136
in 234 seit 1923 eingegangenen Betrieben			— 4 363
in 424 seit 1923 neu gegründeten Betrieben			+ 10 099

```
        Insgesamt 1923   922 Betriebe mit 32 941 Arbeitern
                  1929  1212    ,,       ,,  47 813      ,,
        Zunahme          290 Betriebe mit 14 872 Arbeitern
```

Erstaunlich, wo die Industrie diese Arbeiter geholt hat. Die Entwicklung des Exports:

Jahr	Taschenuhren und fertige Werke Stück	Wert Mill. Fr.	Gesamtwert der Ausfuhr Mill. Fr.	Demontiert ausgeführte Werke in Mill. Fr.
1922	9 569 802	168,2	180,0	7,9
1923	13 389 693	202,6	216,6	8,5
1924	17 374 450	256,3	273,1	11,1
1925	19 081 395	283,1	302,3	12,9
1926	17 184 629	239,1	258,3	11,7
1927	18 454 165	250,1	273,2	15,3
1928	20 131 347	270,1	300,4	20,1
1929	20 757 653	276,7	307,3	23,5
1930	16 247 820	208,7	233,5	18,7
1931	11 553 588	124,9	143,6	14,2
1932	8 205 998	71,0	86,3	9,5

7. Die Bekleidungsindustrie

Aus dieser Gruppe sind die Strickerei und Wirkerei unter der Textilindustrie behandelt worden; als bekannte Exportindustrie soll die Schuhindustrie hier herausgegriffen werden. Die Konfektions- und die Wäscheindustrie, die Hut- und Mützenfabrikation und andere wenig stark besetzte Industrien arbeiten in der Hauptsache für das Inland.

Die ganze Gruppe ohne Schuhindustrie, Wirkerei und Strickerei beschäftigte
1923 . . . . 14 907 Arbeiter
1929 . . . . 16 849 Arbeiter, somit 1942 mehr.

Die stärkste Zunahme weisen die Herren- und Frauenkonfektionsindustrie und die Hut- und Mützenfabrikation auf, nämlich 1703 + 236 = 1939, dann die Wäscherei und Kleiderfärberei (514). Die übrigen Industriezweige haben wenig gewonnen und zum Teil sogar verloren.

Die Schuhindustrie hat
	1923	1929	
verloren: Arbeiter . . .	11 414	10 820	− 594
gewonnen: PS	3 556	4 826	+ 1270

Ob die stärkere Mechanisierung Arbeiter überflüssig gemacht hat? Die Gestaltung der Einfuhr und der Ausfuhr läßt eher den Schluß zu — und die Berichte über die Schuhindustrie weisen darauf hin —, daß die Produktion zurückgegangen sei. Man vergleiche:

Jahr	Ausfuhr q	Mill. Fr.	Einfuhr q	Mill. Fr.
1925	8 600	34,5	7 500	10,6
1926	9 800	36,1		
1927	12 800	37,6	10 900	17,8
1928	13 200	39,8	13 600	23,9
1929	11 200	35,4	17 000	24,5
1930	11 616	35,2	17 597	27,0
1931	10 556	29,6	20 061	25,9
1932	5 175	12,9	14 194	10,3

Trotz stärkerem Inlandsbedarf und den Ansprüchen der Mode läßt sich der Rückgang der Arbeiterzahl leicht erklären. Deutschland und die Tschechoslowakei haben die Schweiz bis 1931 mit billigen Schuhen überschwemmt.

Nun ist merkwürdig, daß die Zahl der vollarbeitslosen Lederarbeiter wesentlich geringer war als die Verminderung der Betriebsarbeiter: 67 bis 113 Vollarbeitslose und rund 600 weniger Arbeiter in den Fabriken! Es wäre recht lehrreich, einmal das Schicksal der Entlassenen zunächst im kleinen zu verfolgen. Wie viele der 600 haben altershalber die Erwerbstätigkeit aufgegeben? Wie viele haben eine andere ergriffen, sind zu ungelernter Arbeit übergegangen, haben bei verdienenden Angehörigen Unterschlupf gefunden, haben sich beim Arbeitsnachweis nicht gemeldet, sind gestorben? Dieses eine Beispiel läßt erkennen, wie schwierig es ist, Entlassene und Arbeitslose zahlenmäßig in Übereinstimmung zu bringen.

8. Die übrigen Industriezweige

Die Gruppe der Nahrungs- und Genußmittelindustrie weist als Ergebnis der Bewegung der einzelnen Industriezweige eine Zunahme von 2530 Arbeitern auf.

Es gewannen	Arbeiter	
Zuckerwaren- und Biskuitfabriken	444	
Teigwarenfabriken	148	
Fabriken für vegetabile Konserven usw.	900	
Milchproduktindustrie	369	
Wurstwaren-, Fleischkonservenfabriken	299	
Bierbrauereien	587	
Tabakproduktefabriken	180	2927
Dagegen Schokoladefabriken		— 554

Die in der Hauptsache das Inland versorgenden Industrien haben ihren Arbeiterbestand gehalten und vermehrt; die Exportindustrie (Schokolade) hat verloren. Bei den Bierbrauereien eigentümlich: trotz starker Betriebskonzentration und Zunahme der PS um 3578 — zirka 35% — ein ansehnliches Wachstum der Arbeiterzahl. Der Ausstoß ist eben gestiegen, und bekanntlich sind lange nicht alle Arbeiter in der eigentlichen Produktion beschäftigt. Die Zahl der in dieser ganzen Industriegruppe gemeldeten Vollarbeitslosen ist geringer als jene der Entlassenen. Man könnte somit auch hier dieselben Fragen aufwerfen wie oben.

Die Gruppe Papier — Leder — Kautschuk weist für Holzstoff- und Zellulosefabriken, Buchbindereien und Sattlereien eine Zunahme von 2323, für Lederfabriken eine Abnahme von 199 Arbeitern auf: positiver Saldo 2124.

Das graphische Gewerbe (Lithographie, Buchdruckerei usw.), stark auf das Inland eingestellt, nimmt teil am allgemeinen guten Gang der Wirtschaft und profitiert von der immer stärker werdenden Verwendung und Bedeutung der schwarzen und farbigen Drucksachen, Plakate usw. Die Produktion an Büchern betrug:

im Jahre 1926	1927	1928	1929	1930	1931	1932
1823	1909	1922	2009	2095	2049	2444

Zunahme 2809 Arbeiter und 4481 PS, d. s. rund 50%, also auch hier wieder ein Beleg dafür, daß die stärkere Verwendung mechanischer Kräfte nicht zu Arbeiterentlassungen zu führen braucht und man sich infolgedessen sehr vor Verallgemeinerungen über die Arbeiter verdrängende Mechanisierung hüten muß.

Als letzte Gruppe sei die Holzbearbeitungsindustrie genannt: Sägereien, Zimmereien, Schreinereien, Parketteriefabriken, Fabrikation grober Holzwaren. Mehr an Arbeitern 3820, an PS 7671 (rund 25%). Hier hat u. a. die fortschreitende Bautätigkeit befruchtet. Einzig die Drechslerei und die Schnitzerei haben an Arbeitern verloren (Mode!).

VI. Ergebnis

I. Wenn auch, wie im ersten Abschnitt dargetan, die Zahlen über die Arbeitslosigkeit in der Schweiz als unvollständig, als ein Minimum und in ihrer gesamten Entwicklung von 1922 bis 1931 nicht als einwandfrei vergleichbar charakterisiert werden müssen, so rechtfertigen sie dennoch die Annahme Saitzews, des Herausgebers dieser Untersuchungen, daß die Schweiz von 1923 bis 1931 „keine, jedenfalls keine in einer langen Welle liegende Arbeitslosigkeit hatte", durchaus. Wenn man mit Geering[22] die Jahre nach dem Kriege 1919 und 1920 als jene der Neuversorgung, die Jahre 1921 bis 1923 als jene des Zusammenbruchs bezeichnet und dann mit 1924 die Genesung beginnen läßt, so drückt man damit auch aus, daß die Periode der Arbeitslosigkeit im Jahre 1923 für die Schweiz als abgeschlossen betrachtet werden kann. Die Schweiz hatte in der Tat von 1924 an keine nennenswerte und 1927 bis 1929 sozusagen keine Arbeitslosigkeit mehr. Die charakteristischen Zahlen seien hier nochmals wiedergegeben. Vollarbeitslose:

	Jahresmittel	Minimum	Maximum
1924	. . . 14 692	8 235 im Juli	28 460 im Januar
1929	. . . 8 131	4 399 im Juni	16 284 im Januar
1931	. . . 24 208	14 365 im Mai	50 750 im Dezember

[22] A. a. O., Tabelle S. 42/43.

Die Verschlechterung im Jahre 1926 war vorübergehend; um so viel besser waren die Verhältnisse auf dem Arbeitsmarkt 1927 bis 1929. Die Arbeitslosigkeit von 1919 bis 1923 war mittelwellig, konjunkturell bedingt; ihr folgte 1924 bis in die erste Hälfte des Jahres 1930 eine gute Konjunktur. Hernach setzte wieder eine mittelwellige, konjunkturelle Arbeitslosigkeit ein, die sich andauernd verstärkt und von der noch niemand weiß, wann sie enden und ob sie schließlich nicht langwellig werden wird.

II. Die Frage des Herausgebers, warum die Schweiz „keine, jedenfalls keine langwellige Arbeitslosigkeit hatte", ist nun allerdings viel schwieriger zu beantworten. Zu sagen: weil eben eine gute Konjunktur geherrscht hat! will nichts bedeuten. Das Warum ist damit noch nicht begründet. Warum gute Konjunktur, während in einigen anderen Industrieländern langwellige Arbeitslosigkeit verzeichnet wurde? Ist sie durch zielbewußte Maßnahmen der mit der Leitung der Wirtschaftspolitik betrauten Organe, in erster Linie der Landesbehörden, geschaffen, erzwungen worden? Die Beantwortung dieser Frage sei voraus genommen.

Solche willkürliche Maßnahmen könnten sich erstreckt haben:
1. auf den Arbeitsmarkt: im Sinne einer Verringerung des Angebots an Arbeitskräften durch Unterstützung der Auswanderung und Sperre der einwanderungslustigen Arbeiter,
2. auf die Schaffung von Arbeit in der Form von besonderen Aufträgen des Bundes, der Kantone und der Gemeinden,
3. auf handelspolitische Verfügungen, durch die der Export künstlich gefördert und der Import von im Inlande erstellbaren Waren erschwert oder verhindert und dadurch dem Inlande ihre Erzeugung zugehalten wird.

Es ließe sich auch denken, daß eine planmäßige Organisation nach jeder dieser drei Richtungen hin gearbeitet haben könnte.

1. Die Beeinflussung des Arbeitsmarktes. Die rationelle Organisation der Stellenvermittlung, wie sie vom Eidgenössischen Arbeitsamte in Fortsetzung der Bestrebungen des Eidgenössischen Amtes für Arbeitslosenfürsorge durchgeführt worden ist, kann natürlich nicht als eine „künstliche" Beeinflussung, als ein „manipulierter" Arbeitsmarkt betrachtet werden. Übrigens hat diese Organisation die Versetzbarkeit von Arbeitslosen kaum in nennenswertem Maße fertig gebracht. Der menschliche Wille, am angemessenen Orte das Arbeitslosentaggeld, die Krisen-, die Winterhilfe usw. zu verzehren, ist stärker als der Wunsch der die Arbeitsämter Leitenden, Arbeitskräfte zu verschieben. Die Arbeitslosigkeit wäre, wenn die Versetzbarkeit größer wäre, geringer.

Eine willkürliche Beeinflussung des Arbeitsmarktes ist durch die Begünstigung der Auswanderung nach Kanada (siehe oben S. 27) erfolgt. Er mag durch etwa 1000 Personen entlastet worden sein. Diese Maßnahme fiel aber in das Jahr 1920 und wirkte von 1924 bis 1930 nur noch recht wenig fühlbar weiter.

Dann ist da die Sperre der Grenze gegen die Einreise unnötiger Arbeitskräfte, eine Maßnahme, die gewiß außerordentlich stark wirksam werden kann. Diese Sperre hat aber, wie oben (S. 13) zahlenmäßig gezeigt worden ist, keineswegs die Grenzen geschlossen, sondern insgesamt manches Zehntausend von fremden Arbeitern ins Land gelassen, und zu ihnen gesellten sich erst noch die schweizerischen Rückwanderer.

Willkür? Gewiß, aber berechtigt gegenüber einer Flut von Menschen, die sich angesichts der auch politisch so viel sichereren Verhältnisse der Schweiz, vor allem aber wegen unserer wirtschaftlich guten Zustände über unser Land würde ergossen haben. Übrigens sind die Klagen von im Inland ansässigen Arbeitslosen — selbst Nicht-Schweizern — darüber nie verstummt, die Behörden behandelten die Fremden besser als die Angesessenen und die Schweizer. Die „Willkür" hat sich durchaus im Rahmen des Zulässigen bewegt: vor allem sind Abschiebungen nur erfolgt, wenn die Behörden auf „schwarz" Eingereiste oder auf Betrug gestoßen sind (Annahme einer Stelle ohne Erlaubnis). Die gute Konjunktur hat eine sehr large Praxis ermöglicht. Fatal, wenn dann mitten in eine sich gut anlassende Beschäftigungsperiode, für die fremde Arbeitskräfte in beträchtlicher Zahl hereingelassen worden waren, unverhofft Störungen einbrechen wie im Jahre 1925, als Ende Juni die neuen englischen und Ende September die deutschen Zollerhöhungen in Kraft traten. Es war damals nicht möglich, die Fremden wieder über die Grenze zu schicken, und so stieg in wichtigen Exportindustrien die Zahl der Arbeitslosen rasch an und griff die Arbeitslosigkeit auch auf einzelne Zweige der Inlandsproduktion über[23].

2. Die Beschaffung von Arbeit. Es gehört zu den Aufgaben einer guten Arbeitsmarktpolitik, öffentliche Arbeiten, soweit möglich, auf Zeiten von Arbeitsmangel zu verschieben und sie bereitzustellen, wenn private Arbeiten versagen. (In einem der neueren kantonalen Gesetze über Arbeitslosenversicherung wird die Beachtung dieses Grundsatzes dem Kanton und den Gemeinden vorgeschrieben.) Die Beschaffung von öffentlichen Arbeiten ist in der Schweiz bis 1924 in großem Umfange erfolgt: Subventionierung der Bautätigkeit und Elektrifikation der Schweizerischen

---

[23] Vgl. die Kurve der Stellensuchenden für 1924/1925 in: Sozialstatistische Mitteilungen, 1926, 12. Heft (S. 313).

Bundesbahnen. Diese hat eigentlich die wirtschaftliche Tätigkeit in mancher Branche belebt oder gar angekurbelt, und die letzten Auswirkungen haben sich bis 1927/1928 erstreckt. Die eidgenössische Telephonverwaltung hat bewußt darauf hingearbeitet, ihre Aufträge mehr und mehr den Inlandsfirmen zukommen zu lassen. Doch war es nicht so, daß sie neue Industrien ins Leben gerufen hätte, sondern sie hat bestehende alimentiert, und an diesen Aufträgen sind sie erstarkt. Für eine eigentliche „Nationalisierung" der Industrie findet man in der Schweiz wenige Beispiele. Der Kanton Basel-Stadt hat z. B. den Wettbewerb für eine Rheinbrücke auch auf ausländische Firmen erstreckt und den Auftrag im Jahre 1931 einer deutschen Firma übertragen, allerdings mit der Bedingung, daß 50% der Lieferungen in der Schweiz verbleiben müßten. Alles in allem ist die gute Konjunktur von 1924 bis 1929 nicht auf Aufträge der öffentlichen Verwaltungen zurückzuführen, wiewohl solche Aufträge in allen diesen Jahren nicht unbeträchtlich waren.

3. Die handelspolitischen Maßnahmen. Unter handelspolitischen Maßnahmen mögen hier jene verstanden sein, durch die der Export künstlich gefördert und der Import ebenso eingeschränkt werden. Sie werden mehr oder weniger einseitig getroffen. Die Schweiz hat kein Dumping getrieben und kann es mit ihren hohen Löhnen nicht; sie kennt keine Ausfuhrprämien und hat bisher auch Lieferungen nach Rußland in keiner Weise finanziert oder garantiert. Die Förderung des Exports ist auch von 1923 an wie vorher lediglich im Rahmen der Beratung durch vom Bunde unterstützte Büros und durch die Mustermesse in Basel erfolgt[24]. Dagegen haben die Landesbehörden Einfuhrbeschränkungen erlassen.

Durch Bundesratsbeschluß vom 30. August 1918 war grundsätzlich die Ausfuhr sämtlicher Waren verboten worden. Im Laufe der Zeit hat aber das Eidgenössische Volkswirtschaftsdepartement für fast alle Waren unter Vorbehalt des jederzeitigen Widerrufs allgemeine Ausfuhrbewilligungen erteilt und die Ausfuhr der übrigen Waren durch die Erteilung besonderer Bewilligungen geregelt. Durch Beschluß vom 30. Juni 1925 hat dann der Bundesrat jenen Beschluß insoweit aufgehoben, als die Ausfuhr aller Waren, für die bisher eine allgemeine Ausfuhrbewilligung notwendig gewesen war, endgültig — mit Ausnahme weniger Rohstoffe für die schweizerischen Industrien — freigegeben wurde. Dermaßen war von der Mitte 1925 an für die Ausfuhr die Bahn offen.

Die Beschränkung der Einfuhr hatte am 6. Dezember 1919 eingesetzt — nach Überwindung schwerster Bedenken — und sich zuerst auf die

---

[24] Vgl. Geering, a. a. O., S. 59f. und S. 849ff.

Produkte der Möbelindustrie erstreckt, die Tausende ihrer Arbeiter hatte entlassen müssen. Durch Bundesbeschluß vom 18. Februar 1921 ist die Einfuhr von Maschinen, Metallwaren, Automobilen, Papierwaren u. a. m. eingeschränkt worden. „Unserer gesamten Inlands- und Exportproduktion ist in dieser Zeit des Niedergangs der kontinentalen Kriegsvaluten der im Vergleich zu den Kriegsländern relativ kräftige Stand des Schweizerfrankens, ... an seinem Teile doch oft zum förmlichen Verhängnis geworden."[25] Diese Einfuhrbeschränkungen, die übrigens als Maßnahmen zur Verminderung der Arbeitslosigkeit und zum Schutz der einheimischen Produktion, soweit sie durch den Zerfall der fremden Währungen in ihrer Existenz bedroht waren, bezeichnet wurden, wären wohl schon 1923 durch generelle Einfuhrbewilligungen ersetzt worden, wenn nicht die Ruhrbesetzung, d. h. die ihr folgende Inflation, die Überschwemmung des Landes mit billigen Waren aufs neue würde bedroht haben. Im Sommer 1924 erfolgten Verhandlungen mit Deutschland über den gegenseitigen Abbau der Einfuhrschutzmaßnahmen — die französische Valuta hatte sich schon in der ersten Hälfte 1924 erholt —, doch sind die Einfuhrbeschränkungen erst infolge des Abkommens mit Deutschland vom 17. November 1924 auf Ende September 1925 dahingefallen. Die Fabrikinspektoren meldeten aber schon für 1924 ein Anwachsen der Arbeiterzahlen in den Fabriken; die Einfuhrbeschränkungen konnten demnach auf die Besserung des Arbeitsmarktes nicht mehr von tiefgreifender Wirkung sein. Auf Mitte 1924 war ja auch die Arbeitslosenunterstützung aufgehoben worden.

Beiläufig sei hier bemerkt, daß eine Reihe einseitiger handelspolitischer Ausnahmen des Auslandes (zunächst Zollerhöhungen) den schweizerischen Export (Uhren, Stickereien, Seidenstoffe und -bänder) stark gehemmt haben.

Es wäre eine besondere Aufgabe, zu untersuchen, in welchem Maße der Abschluß von Handelsverträgen in den Jahren 1923 bis 1930 die Exportindustrie gefördert hat, eine Aufgabe, die im Rahmen dieser Untersuchung nicht gelöst werden kann. Wer die Literatur durchsieht, in der die direkt Beteiligten zu Worte kommen, der gewinnt den Eindruck, als ob das Negative sich am stärksten ausgedrückt habe, nämlich die Schutzpolitik Englands (1925), Polens und der U.S.A. vor allem, und zwar eben in dem den Export schädigenden Sinne, während der Erfolg all der in der genannten Zeit abgeschlossenen Handelsübereinkommen und -verträge eher gering gewesen sei. Und doch haben solche Abkommen oder die Erhöhung gewisser Warenkontingente, z. B. der Uhreneinfuhr nach Frankreich (1925), die Erhöhung der ungarischen Kontingente

---

[25] Geering, a. a. O., S. 843.

(1924), ohne Zweifel ihre gute Wirkung gehabt. Im einzelnen müßte die Außenhandelsstatistik nach Ländern und Waren vor und nach Abschluß der Handelsverträge und nach Erlaß der einseitigen Maßnahmen einzelner Länder verfolgt werden.

Insgesamt zeigt aber die Statistik des Außenhandels eine Steigerung von 1923 bis 1929, allerdings auch inmitten dieser Periode, nämlich im Jahre 1926, den schon erwähnten Rückschlag. Es betrug in Millionen Franken:

	die Einfuhr				die Ausfuhr			
Jahr	Rohstoffe	Fabrikate	Nahrungsmittel	Total	Rohstoffe	Fabrikate	Nahrungsmittel	Total
1922	729	619	566	1914	211	1405	145	1761
1925	1010	893	730	2633	161	1684	194	2039
1926	840	895	679	2414	168	1477	191	1836
1927	894	974	696	2564	191	1612	220	2023
1928	962	1074	708	2744	214	1702	218	2134
1929	1002	1107	674	2783	219	1673	212	2104
1930	912	1089	662	2663	175	1412	181	1768
1931	680	983	588	2251	148	1050	151	1349
1932	523	744	496	1763	91	626	84	801

Es sei auf den Abfall im Jahre 1929 und besonders 1931 hier ausdrücklich aufmerksam gemacht. Diese Zahlen sind der Ausdruck der verbundenen Wirtschaft und der Gesamtwirtschaft; bedauerlich, daß die Einzelheiten nicht herausgehoben werden können, daß es nicht möglich ist, die letzten Gründe der Prosperität der Exportindustrie aufzudecken. Doch besteht kein Zweifel darüber, daß die Weltwirtschaft, mit der die Schweiz so enge verknüpft ist, im ganzen — trotz langweiliger Arbeitslosigkeit in England, Deutschland usw. — die schweizerische Industrie hat stark beschäftigen können; wir wissen ja, daß selbst Deutschland nach der Inflation in der Schweiz wesentliche Bestellungen aufgegeben hat. Man beachte:

Ausfuhr in Millionen Franken

nach	1926	1927	1928	1929	1930	1931	1932
Deutschland	267	398	387	355	282	198	111
Großbritannien	300	311	308	290	265	236	86
Frankreich	154	135	157	182	183	156	123
Italien	113	115	141	158	120	94	82
Belgien	29	34	43	56	55	39	25
Niederlande	39	46	54	67	62	47	28
Tschechoslowakei	38	49	53	55	50	40	26
Spanien	54	63	82	55	48	28	19
U.S.A.	201	210	195	208	144	92	55
Japan	56	43	56	45	34	25	16
Kanada	47	42	41	37	29	17	11
Argentinien	35	34	38	38	32	25	15

Was an einem Ort verloren geht (Deutschland und Großbritannien z. B. im Jahre 1929), wird am anderen eingeholt (Frankreich, Italien,

Belgien, Niederlande); erst die im Jahre 1929 fühlbar einsetzende Erschütterung der Weltwirtschaft hat dann auch die kleine Schweiz mit in den Strudel hineingezogen.

4. **Die Beteiligung der Schweiz am Wiederaufbau der Weltwirtschaft.** Die Schweiz als kapitalreiches Land und als internationaler Kapitalvermittler zeigte noch 1921 und 1922 eine starke Zurückhaltung in der Beteiligung an ausländischen Obligationenanleihen — gebrannte Kinder fürchten das Feuer —, und Banken wie Private bevorzugten meist englische, holländische und amerikanische Papiere, und zwar hauptsächlich durch den Ankauf an ausländischen Börsen. Erst als in der zweiten Hälfte 1922 an lohnenden kurz- und langfristigen Anlagegelegenheiten im Inland Mangel sich zeigte, begannen die interessierten Kreise, vor allem die Banken, sich wieder ausländischen Anleihen zuzuwenden, anfänglich nicht ohne starken Widerstand[26] und auch seither nie ohne öffentliche Diskussion. Diese Art des Kapitalexports hatte aber auch infolge der Wiederaufnahme der Wirtschaftsbeziehungen eingesetzt.

Die emittierten ausländischen Anleihen betrugen von 1922 bis 1930:

		Millionen Franken	
Deutschland		510 326,2	
Österreich		85 400,0	
Italien		33 130,0	
Frankreich		389 964,7	1 018 820,9
Belgien		132 084,0	
Holland		45 830,4	
Ungarn		40 000,0	
Schweden und Norwegen		31 928,9	
Polen		31 080,0	
Jugoslawien		25 500,0	
Rumänien		20 720,0	
übrige europäische Staaten		29 546,0	356 689,3
Südamerika			107 778,0
U.S.A.			3 000,0
Asien			3 885,0
	Zusammen		1 490 173,2

Die Schweiz hat an der österreichischen Völkerbundsanleihe, der ungarischen Wiederaufbauanleihe, der Dawesanleihe, der deutschen Reparationsanleihe (1930), der belgischen Stabilisierungsanleihe usw. stets ihre Tranchen übernommen. Sie hat Anleihen gewährt an Staaten, Städte, Eisenbahnen, Elektrizitäts-, Gas- und Wasserwerke, Schiffahrtsunternehmungen, Kanäle und Hafenanlagen, an Industriegesellschaften aller Branchen, an Bergbaugesellschaften, Banken und Trustgesellschaften.

---

[26] Vgl. W. Meier: Die Emission ausländischer Anleihen in der Schweiz, Zürcher Diss., 1931, S. 89ff. V. Laepple: Statistik der Auslandsemissionen in der Schweiz seit 1922, Zeitschrift für Schweizerische Statistik und Volkswirtschaft, 1927, S. 647ff.

Und nun die Frage: Hat die Schweiz dadurch, daß sie am Wiederaufbau sich in so starkem Maße beteiligt hat, für ihre Industrie und ihren Handel Aufträge herausgeholt und die Lage ihres Arbeitsmarktes damit verbessert? Die Antwort auf diese Frage ist kaum zu geben; denn nur in wenigen Fällen von Auslandsemissionen ist direkt erkennbar, ob sie mit Aufträgen an die Schweiz verbunden waren, wie z. B. die Anleihen der Cie. du Chemin de fer Paris-Orléans (1922), der Lima Light, Power & Tramways Co. (1923) oder der Kraftübertragungswerke Rheinfelden (Beteiligung am Kraftwerk Ryburg-Schwörstadt). Es ist aber anzunehmen, daß die emittierenden Banken den ihnen nahestehenden Industrieunternehmungen überall da Aufträge zugehalten haben, wo es möglich war. Bei eigentlichen Reparations- und Stabilisierungsanleihen sind Arbeitsaufträge nicht in Frage gekommen.

Zum Schlusse: Im Jahre 1923 setzt die Erholung von der Krise und dem folgenden Konjunkturrückgang ein, nachdem die Elektrifikation der Bundesbahnen einen guten Teil der Wirtschaft wieder angetrieben hatte. Der innere Markt belebte sich, nicht zuletzt infolge der wiedereinsetzenden Bautätigkeit. Nach der Überwindung der deutschen Inflation erfolgte eine wesentliche Steigerung des Exports. Ähnlich 1925. Das Jahr 1926 brachte Rückschläge infolge verschiedener Zollschutzmaßnahmen anderer Länder. Im Herbst desselben Jahres aber setzte die gute Konjunktur ein, und zwar in den sowohl für das Inland als auch in den für den Export arbeitenden Industrien, weiter im Handel, im Verkehr und in der Landwirtschaft, und all das bis zum Jahr 1929, dem Ausläufer dieser günstigen Konjunktur seit 1923.

Nachtrag

Dieser Beitrag war 1932 geschrieben und gesetzt und ist im Mai 1934 durch einige neue Zahlen ergänzt worden. Der Druck hat sich seinerzeit verzögert, und nun erheischt die Entwicklung der wirtschaftlichen Verhältnisse einen Nachtrag; denn gerade die seit 1931 einsetzende neue Welle der Arbeitslosigkeit gestaltet sich anders als jene von 1921 bis 1924.

Die Schweiz ist in die Weltwirtschaftskrise und den auf sie folgenden Wirtschaftsniedergang hineingezogen worden, weil sie eben mit ihrem Warenverkehr, ihrem Kapitalverkehr, ihrem Hotelgewerbe, ihren Bahnen usw. in höchstem Maße mit der Wirtschaft der übrigen Länder, vor allem Deutschlands, Großbritanniens, Frankreichs, Italiens, der Vereinigten Staaten, dann aber auch stark mit derjenigen Österreichs, Belgiens, der Niederlande, Kanadas, Argentiniens u. a. verbunden ist. Alle Geldentwertung, alle Zollerhöhungen und Einfuhrkontingentierungen, alle Verarmung in einzelnen dieser Länder, alle Autarkiebestrebungen, aber auch der Preissturz der landwirtschaftlichen Produkte (Milch, Butter, Käse, Kartoffeln, Vieh usw.) haben zuerst die Exportindustrie und die Landwirtschaft aufs allertiefste betroffen, und die für das Inland arbeitenden Industrien und Gewerbe sind hinterher mit in den Abstieg hineingezogen worden.

Während im Januar 1922 der Höhepunkt der Arbeitslosigkeit mit rund 100000 Vollarbeitslosen vereinzelt blieb, steigert sich seit 1931 die Arbeitslosigkeit von Jahr zu Jahr:

```
Höhepunkt 1931 mit   50 600 Arbeitslosen 24 200 Jahresdurchschnitt
       ,, 1932  ,,   81 900     ,,       54 400         ,,
       ,, 1933  ,,  101 100     ,,       67 900         ,,
   Januar 1934  ,,   99 100
```

Die Arbeitslosigkeit wird auch im Sommer 1934 kaum unter den Stand von 1933 sinken, wenn nicht ganz besondere Maßnahmen zu ihrer Bekämpfung getroffen werden, und sie scheint in der Tat für eine Reihe von Industrien langwellig zu werden, wiewohl die Ausfuhrmengen der einzelnen Industrien seit 1933 zum Teil um ein kleines gestiegen, zum Teil nicht oder nur noch wenig zurückgegangen sind. Die Ausfuhrwerte sind im allgemeinen noch gesunken.

Der Niedergang wirkt sich auf allen Gebieten der Wirtschaft außerordentlich stark aus, in der Wirtschafts-, Sozial- und Finanzpolitik des Bundes, der Kantone und der Gemeinden sowohl wie in einer großen Zahl von Begehren der Berufsgruppen, der Arbeitgeber und der Arbeitnehmer, und die Vorschläge zur Behebung der Krise und ihrer Folgen erstrecken sich bis zur Revision der Bundesverfassung.

Die sozial- und wirtschaftspolitischen Maßnahmen selbst greifen diesmal tiefer als 1920—1923, namentlich in einzelnen Städten, und außer den Debatten in den eidgenössischen Räten über Zollmaßnahmen, Zollkontingente, Einfuhrbeschränkungen, Kompensationspolitik, Hilfsmaßnahmen für die Stickerei, die Uhrenindustrie, das Hotelgewerbe und die Landwirtschaft ergehen auch solche über produktive Arbeitslosenfürsorge und Krisenhilfe für Arbeitslose, und im Bund, in den Kantonen und Städten stehen die Diskussionen über den Lohnabbau und die Finanzprogramme auf der Tagesordnung.

Im Vergleich mit andern Ländern hat die Krise in der Schweiz später eingesetzt, dann aber um so rascher und stärker.

Printed by Libri Plureos GmbH
in Hamburg, Germany